中国工程建设标准化协会标准

汽车试验场特种道路设计与施工技术规程

Technical Specifications for Design and Construction of Special Road in Automotive Proving Ground

T/CECS G:T10—2018

主编单位:中交一公局第五工程有限公司
批准部门:中国工程建设标准化协会
实施日期:2019 年 05 月 01 日

人民交通出版社股份有限公司

图书在版编目(CIP)数据

汽车试验场特种道路设计与施工技术规程：T/CECS G：T10—2018 / 中交一公局第五工程有限公司编著. —北京：人民交通出版社股份有限公司, 2019.6
ISBN 978-7-114-15603-8

Ⅰ. ①汽… Ⅱ. ①中… Ⅲ. ①汽车试验—车辆试验场—道路—设计—技术规范—中国②汽车试验—车辆试验场—工程施工—技术规范—中国 Ⅳ. ①U467.5-65

中国版本图书馆 CIP 数据核字(2019)第 107432 号

标准类型：	中国工程建设标准化协会标准
标准名称：	汽车试验场特种道路设计与施工技术规程
标准编号：	T/CECS G：T10—2018
主编单位：	中交一公局第五工程有限公司
责任编辑：	李　沛　周佳楠
责任校对：	刘　芹
责任印制：	张　凯
出版发行：	人民交通出版社股份有限公司
地　　址：	(100011)北京市朝阳区安定门外外馆斜街3号
网　　址：	http://www.ccpress.com.cn
销售电话：	(010)59757973
总 经 销：	人民交通出版社股份有限公司发行部
经　　销：	各地新华书店
印　　刷：	北京市密东印刷有限公司
开　　本：	880×1230　1/16
印　　张：	5.25
字　　数：	108 千
版　　次：	2019 年 6 月　第 1 版
印　　次：	2019 年 6 月　第 1 次印刷
书　　号：	ISBN 978-7-114-15603-8
定　　价：	50.00 元

(有印刷、装订质量问题的图书，由本公司负责调换)

中国工程建设标准化协会
公 告

第 383 号

关于发布《汽车试验场特种道路设计与施工技术规程》的公告

根据中国工程建设标准化协会《关于〈2014年第二批工程建设协会标准制订、修订计划〉的通知》（建标协字[2014]070号）的要求，按照中国工程建设标准化协会标准管理办法的相关规定，由本协会公路分会组织编制的《汽车试验场特种道路设计与施工技术规程》（T/CECS G:T10—2018），经审查通过，现批准发布，自2019年5月1日起施行。

二〇一八年十一月二十三日

前　言

根据中国工程建设标准化协会《关于〈2014 年第二批工程建设协会标准制订、修订计划〉的通知》(建标协字〔2014〕070 号)的要求,由中交一公局第五工程有限公司承担《汽车试验场特种道路设计与施工技术规程》(以下简称"本规程")的制定工作。

编写组在全面总结国内外近年来汽车试验场工程经验和科技成果的基础上,对国内外已建和在建汽车试验场进行了广泛调研,充分吸收了国内外相关标准规范的先进技术方法和建设经验,并广泛征集了行业内外的意见和建议,完成了本规程的编写工作。

本规程分为 5 章,主要内容包括:1 总则、2 术语、3 设计、4 施工、5 施工质量检查与验收。

本规程基于通用的工程建设理论及原则编制,适用于本规程提出的应用条件。对于某些特定专项应用条件,使用本规程相关条文时,应对适用性及有效性进行验证。

本规程由中国工程建设标准化协会公路分会负责归口管理,由中交一公局第五工程有限公司负责具体技术内容的解释,在执行过程中如有意见或建议,请函告本规程日常管理组,中国工程建设标准化协会公路分会(地址:北京市海淀区西土城路 8 号;邮编:100088;电话:010-62079839;传真:010-62079983;电子邮箱:shc@ rioh. cn),或任伟涛(地址:北京市朝阳区管庄周家井;邮编:100024;传真:010-61594301;电子邮箱:rwt_wt_2003@ sina. com),以便修订时研用。

主 编 单 位:中交一公局第五工程有限公司
参 编 单 位:中国工程建设标准化协会公路分会
　　　　　　交通运输部公路科学研究院
　　　　　　上海市政工程设计研究总院(集团)有限公司
　　　　　　特路(北京)科技有限公司

主　　　　编:耿志军
主要参编人员:易振国　刘怡林　马　骏　牛永宏　王作杰　杨瑞峰
　　　　　　刘春杰　吴　申　陈大川　隆海健　任伟涛　高建清
　　　　　　沈金田　徐彬超　毛云波　张惠波　刘　平　王　巍
　　　　　　张永利　于胜利　赵　亮　程　平　朱　骏　李明睿
　　　　　　陈安松

主　　　审: 付　智

参与审查人员: 李春风　王　维　蒋永康　刘树良　么大明　李功清
　　　　　　　　吴建设　赵鑫宏　汪　铸　刘兴洲

目 次

1 总则 ………………………………………………………………………………… 1
2 术语 ………………………………………………………………………………… 2
3 设计 ………………………………………………………………………………… 5
   3.1 一般规定 …………………………………………………………………… 5
   3.2 几何线形设计 ……………………………………………………………… 7
   3.3 路基设计 …………………………………………………………………… 23
   3.4 路面设计 …………………………………………………………………… 26
   3.5 特种道路安全设施 ………………………………………………………… 30
4 施工 ………………………………………………………………………………… 33
   4.1 一般规定 …………………………………………………………………… 33
   4.2 施工准备 …………………………………………………………………… 35
   4.3 特种道路路基施工 ………………………………………………………… 38
   4.4 沥青混凝土特种道路路面施工 …………………………………………… 41
   4.5 水泥混凝土特种道路路面施工 …………………………………………… 46
   4.6 铺砌类特种道路路面施工 ………………………………………………… 53
   4.7 安装类特种道路路面施工 ………………………………………………… 59
   4.8 特种道路安全设施施工 …………………………………………………… 59
5 施工质量检查与验收 ……………………………………………………………… 63
   5.1 一般规定 …………………………………………………………………… 63
   5.2 铺筑试验路段 ……………………………………………………………… 63
   5.3 交工质量检查与验收 ……………………………………………………… 63
本规程用词用语说明 …………………………………………………………………… 73

1 总则

1.0.1 为适应汽车试验场特种道路工程建设的需要,提高设计、施工技术水平和工程质量,制定本规程。

1.0.2 本规程适用于汽车试验场特种道路的设计、施工、检测与质量验收,其他类别试验场可参照本规程。

1.0.3 汽车试验场特种道路设计与施工必须遵守国家建设工程质量方面的法律法规,应建立健全质量保证体系,明确质量责任,加强质量管理,提高工程质量。

1.0.4 汽车试验场特种道路施工必须遵守国家安全生产的有关法律法规,应建立健全安全生产管理体系,明确安全责任,严格执行安全生产操作规程,保障施工人员的职业健康和施工安全。

1.0.5 汽车试验场特种道路应积极推广使用性能稳定、质量可靠的新技术、新工艺、新材料和新设备。

1.0.6 汽车试验场场区内非特种道路宜根据其功能要求、使用条件,结合所衔接的特种道路建设形式,选择合适的道路工程技术标准执行。

2 术语

2.0.1 汽车试验场 automotive proving ground
模拟汽车使用中遇到的典型道路条件和环境条件的综合试验场地。由各种特种道路、连接道路、试验设施和相关配套设施等组成。

2.0.2 特种道路 special road
在汽车试验场内,满足汽车试验、测试要求的专用道路。

2.0.3 高速环道 high speed track
能够进行汽车连续高速行驶试验的环形跑道。是汽车在持续高速行驶情况下进行耐久性试验、动力性试验和燃油经济性试验等的特种道路。

2.0.4 平衡车速 neutral speed
汽车在高速环道弯道部分各车道的中心线上行驶时,不产生轮胎与路面间的侧向摩擦力所对应的车速。

2.0.5 设计速度 design speed
确定汽车试验场道路设计指标并使其相互协调的设计基准速度。

2.0.6 直线综合性能试验路 comprehensive testing road
用于汽车的动力性、燃油经济性、操纵稳定性、平顺性和制动性等试验的多功能特种道路。

2.0.7 动态广场 dynamics square
用于汽车操纵稳定性试验的广场型路面设施。

2.0.8 多附着系数试验路 multi-coefficient of friction testing road
用于汽车 ABS/TCS/ESP 系统研发和认证试验、水漂试验、制动距离试验和操纵稳定性试验的特种道路,由喷水设施、加速和制动区组成。

2.0.9 操纵稳定性试验路 handling stability testing road

用于汽车操作稳定性测试的特种道路,可进行转弯制动试验评价、抗侧翻试验及汽车稳态回转等试验。

2.0.10 噪声试验路　noise testing road

用于噪声舒适度评估、降噪试验研究及噪声法规认证的特种道路,分为车内噪声试验路和车外噪声试验路。

2.0.11 可靠性、耐久性试验路　reliability & durability testing road

用于模拟汽车在各种外部环境条件下的实际道路上的行驶路况,由比利时路、石块路、凸块路、搓板路、卵石路、凹坑路、扭曲路、波形路等十余种路面组成,进行汽车可靠性与耐久性强化试验。

2.0.12 通过性试验路　traffic ability testing road

用于测试汽车以一定车速通过各种路况和障碍性能的特种道路。分为地形通过性试验路与地面通过性试验路。地形通过性试验路应包括陡纵坡、侧坡、垂直台阶、路沟、凸岭、弹坑、涉水池等。地面通过性试验路应包括沙地、田地、泥泞地和沼泽地等。

2.0.13 标准坡道　standard slopes

由一系列由小到大的定值坡度道路集中修建组成,用于汽车的爬坡和驻坡试验。

2.0.14 舒适性试验路　noise vibration harshness testing road

用于汽车行驶舒适性评价的特种道路,包括测试汽车行驶的平顺性、振动、噪声测试评价及异响评估等,由平滑沥青、粗糙沥青、多孔沥青、车辙路、普通混凝土、破损水泥路、桥头接缝路、平滑石块路等组成。

2.0.15 城市广场　city flat

用于模拟汽车在城市中起步、加速、减速、制动停车、转弯等使用路况。一般用沥青混凝土或水泥混凝土铺装,模拟城市的十字路口、Y路口、L路口等。

2.0.16 路谱　road spectrum

路面平整度的功率谱密度曲线。作为汽车振动输入的路面平整度,主要采用位移功率谱密度描述其统计特性,路面平整度的时间历程可以视作平稳随机过程处理。

2.0.17 盖模　cap mould

在模板顶面加盖模板,是模板的一部分,约束混凝土的顶面形状,使其表面形状达到规定要求。

2.0.18 高黏度混凝土 high viscosity concrete

用于高速环道大横坡弯道部位面层施工的防止顺坡坍落、滑溜的高振动黏度系数水泥混凝土拌合物。

3 设计

3.1 一般规定

3.1.1 特种道路设计应充分考虑汽车试验和测试的各项要求,合理确定建设项目的技术标准、建设规模、总体布置方案,使之符合安全、有效、经济、环保的总体目标,并保障测试数据的一致性和可信性。

3.1.2 特种道路应满足汽车动力性能测试、制动性能测试、操作稳定性能测试、爬坡性能测试和通过性能测试等性能要求。

3.1.3 特种道路可分为高速环道,动态广场,直线综合性能试验路,操纵稳定性试验路,多附着系数试验路,噪声试验路,可靠性、耐久性试验路,舒适性试验路,标准坡道和通过性试验路等。

3.1.4 特种道路设计年限应在分析、总结国内外现有汽车试验场使用情况的基础上,充分考虑特种道路类型、路面结构、建设条件和使用要求等因素综合选用,无相关资料时,可按照表 3.1.4 选择合适的设计年限。

表3.1.4 特种道路设计年限

特种道路	路面结构形式	设计年限(年)
高速环道	沥青混凝土	20
	水泥混凝土	30
动态广场	沥青混凝土	20
直线综合性能试验路	沥青混凝土	15
	水泥混凝土	20
操纵稳定性试验路	沥青混凝土	15
	水泥混凝土	20
多附着系数试验路	沥青混凝土	15
	水泥混凝土	20
	玄武岩路面	20
	瓷砖路面	10

续上表

特种道路	路面结构形式	设计年限(年)
噪声试验路	沥青混凝土	15
可靠性、耐久性试验路/舒适性试验路	沥青混凝土(普通、粗糙、特制)	15
	水泥混凝土(普通)	15
	水泥混凝土(不规则、表面特制造型)	20
	铺砌类特种道路路面(混凝土预制块)	15
	铺砌类特种道路路面(石块等)	20
	安装类特种道路路面(预制模块)	10
	安装类特种道路路面(井盖)	15
	安装类特种道路路面(铁轨等)	20
	砂石	5
	自然铺装	15
标准坡道	沥青混凝土、水泥混凝土、玄武岩路面、瓷砖路面	15
其他试验路(城市广场、通过性试验路等)	沥青混凝土	15
	水泥混凝土	20

条文说明

本规程规定的特种道路使用年限是在合理施工及运营条件下应达到的年限,其中高速环道、动态广场沥青路面结合试验车荷载及试验要求,在公路标准基础上稍做提高,使用年限定为20年,其他特种道路根据建设条件、使用条件等因素综合选用。

3.1.5 特种道路汽车轴重及路基设计等级划分宜按表3.1.5确定。

表3.1.5 特种道路汽车轴重及路基设计等级划分

划分类型	轴重范围(kN)	轴重分级	路基设计等级
汽车轴重	<15/2	轻	三级
	15/2～35/2	中	二级
	>35/2	重	一级

条文说明

汽车轴重为轻的代表车型为轿车、SUV等;汽车轴重为中的代表车型为19座以上的大中型客车;汽车轴重为重的代表车型为用于装载超大型和超重货件的挂车或常规工程车。考虑到汽车试验的功能特性要求,参照国内公路分级标准,一般将试验场特种道路划分为三类,高速环道、直线综合性能试验路、动态广场、多附着系数试验路等设计速度、路面平整度等指标要求较高的特种道路作为一级道路,其技术标准一般不低于高速公路相关标准;其他特种道路技术标准,尤其是路基设计标准,根据试验对象、试验要求等不同而综合考虑作为二级、三级特种道路,其技术标准一般不低于对应的一级公路、二级公路标准,其他设计标准则根据试验要求的不同采取相应的满足试验要求的技术指标即可。

3.1.6 高速环道、直线综合性能试验路、动态广场路基设计等级宜采用一级;其余特种道路路基设计等级可根据汽车试验要求选用。

3.1.7 特种道路几何设计主要包括平面、纵断面、横断面及路形设计,应在保障行车安全的前提下,以满足汽车试验要求为基准。

3.1.8 特种道路的路基、路面设计方案除应满足结构的强度和稳定性要求外,尚应符合汽车试验的功能性要求。

3.1.9 特种道路安全与管理设施主要设计内容应包括交通工程、安全护栏及道路监控等设施。

3.1.10 特种道路交通标志标线可按汽车试验具体要求设置,非特种道路应按照现行《道路交通标志和标线》(GB 5768)设置。

3.2 几何线形设计

3.2.1 一般规定

1 高速环道

1)高速环道平面设计应充分结合建设场地的气候、地形及地质等客观环境因素综合考虑布置,平面形态可选用椭圆形、圆形、梨形、8字形、听筒形等形状。

2)高速环道采用高速车道的平衡车速为设计速度,设计速度的选用应考虑场地条件和汽车试验要求等多方面因素,应不小于60km/h。

3)高速环道平面线形应由直线、圆曲线、缓和曲线三种要素组成,设计应注意三者之间的衔接,高速环道缓和曲线类型宜选用麦克康奈尔(McConnell)曲线。

4)高速环道曲线段几何线形设计应以侧摆运动的特征值作为控制指标,侧摆角加速度变化率 J 值可控制在 $2.0 \sim 4.0°/s^3$。建设条件受限时,在保障安全性前提下,J 值可取较大值。

5)与高速环道相交的进场道路或其他特种道路应采用跨线桥或下穿通道形式。

6)高速环道出入口应根据试验场总体要求合理布置,出入口与高速环道衔接处应设置加减速车道。

7)高速环道应为单向行驶特种道路,宜采用顺时针作为行驶方向。

2 直线综合性能试验路

直线综合性能试验路应布置在平整场地上,宜为独立的试验模块,其直线试验区及两端掉头区的几何设计参数应满足汽车试验的要求。

3 动态广场

1）动态广场主要用于测试和评价汽车的操纵、转向特性。

2）动态广场可分为进出车道区和广场试验区，广场试验区宜作为单独的试验模块布置，进出车道区可根据试验需要包含其他试验模块。

4 操纵稳定性试验路

1）操纵稳定性试验路主要用于汽车操纵性、稳定性试验。

2）操纵稳定性试验路按不同的试验需求，可布置为不同转弯半径的蛇形回路。试验路根据不同的试验工况可分为几个不同的测试区段。

5 多附着系数试验路

1）多附着系数试验路应布置在平整场地上，基于试验安全考虑，应为单向行驶特种道路。

2）多附着系数试验路可布置为单独的试验模块，也可结合某些具有加速区域的试验模块（如动态广场等）进行布置。

3）多附着系数试验路的附着系数 μ 宜为 0.1~0.9，应根据附着系数的大小设置相应的路面类型。

4）多附着系数试验路根据需要可设置喷水、漫水等给水系统，喷水、漫水设施的间距、高度、喷射角度等要求应与特种道路的宽度、试验需要水膜厚度等要求相匹配，并满足汽车试验要求。

5）多附着系数试验路两侧应设置足够宽度的安全缓冲区，安全缓冲区宽度应根据试验车辆、试验速度等因素合理确定。

6 噪声试验路

噪声试验路用于测试路面的表面构造和路面刚度对汽车噪声的影响。可分为车内噪声试验路和车外噪声试验路，噪声测试区平面布置应符合现行《汽车加速行驶车外噪声限值及测量方法》（GB 1495）的有关规定。

7 可靠性、耐久性试验路

1）可靠性、耐久性试验路主要包括比利时路、卵石路、砂石路、石块路、扭曲路、搓板路、波形路、凹坑路、振动颠簸路（凸块路、减速带路、绳索路）、水泥混凝土破损路和沥青混凝土破损路、涉水池、盐溅池、典型城市道路路面（井盖路、铁饼路、人孔路、铁轨路、接缝路、台阶路、路缘石路）等。

2）可靠性、耐久性试验路的总体布置应满足下列要求：

——可靠性、耐久性试验路宜结合试验要求及场地合理采用串联或并联的方式布置，根据汽车的试验需求可规划多条不同的试验路径。

——可靠性、耐久性试验路几何设计应包括线形设计及路形设计。线形设计应包括各种试验路的长度、宽度、衔接形式等，线形设计应满足汽车试验的里程、顺序及安全性要求。

——路形设计应为各种试验路的表面路形、路谱设计，路形设计应满足现行《机械振

动 道路路面谱测量数据报告》(GB/T 7031)的设置要求。

8 标准坡道

1）标准坡道用于检验汽车的爬坡能力和停车能力、汽车起步时离合器的工作性能等,应满足现行《汽车爬陡坡试验方法》(GB/T 12539)的测试要求。

2）标准坡道总体布置应结合地形起伏,将不同坡度的标准坡道组合布置。

9 通过性试验路

1）通过性试验路是在对典型地形、地貌及实际环境进行抽象化基础上形成的试验设施,对车辆的通过性做全面、客观的试验评价。

2）通过性试验路包括垂直台阶、涉水池、路沟、水平壕沟等。

3）通过性试验路可集中布置在一个区域,由连接道路衔接组成,各特种道路可单独进行通过性试验而无须经过其他障碍设施。

4）通过性试验路几何设计应包括线形设计及路形设计,线形设计应包括各种试验路的长度、宽度、衔接形式等;路形设计应包括各种试验路的表面路形、构造尺寸等细部设计。

条文说明

5 附着系数是指轮胎在不同路面的附着能力大小。附着系数的数值主要取决于道路的材料、路面的状况与轮胎结构、胎面花纹、材料以及汽车的运动速度等因素。一般来说,干燥、良好的沥青或混凝土路面的附着系数最大,可达 0.7~0.8。潮湿的水泥或沥青路面附着系数一般在 0.3~0.6。在粗略计算中,附着系数可以看成是轮胎和路面之间的静摩擦系数。

考虑到多附着系数试验路汽车滑移的可能性,要求在试验路两侧设置较宽的安全缓冲区,在安全缓冲区内不采用防撞墩、防撞护栏等刚性防护设施。

9 特种道路依据试验需求尽可能综合考虑利用地形、减少对环境影响等多方面因素,合理确定各种试验路的规模、标准等技术指标。

3.2.2 高速环道几何设计

1 平面设计

1）直线段长度应结合场地规模大小及试验需求确定。当高速环道直线段必须兼顾汽车加速、制动或滑行试验时,直线段最小长度应满足各种试验所需的最小长度。

2）高速环道弯道处应设置圆曲线与缓和曲线,圆曲线半径及缓和曲线长度应根据设计速度确定,缓和曲线宜采用麦克康奈尔(McConnell)曲线。且应满足表 3.2.2-1 的最小长度要求。

2 纵断面设计

高速环道纵断面设计应综合考虑汽车试验要求、土方工程数量等因素,纵断面设计线的选择宜与高速环道平面设计线线位一致。

表 3.2.2-1　高速环道圆曲线最小半径与缓和曲线最小长度

高速环道设计速度（km/h）		240	220	200	180	160	140	120	100	80	60
圆曲线最小半径(m)	一般值	650	550	450	360	290	220	160	110	75	45
	极限值	460	390	310	255	200	155	115	80	50	30
缓和曲线最小长度(m)	一般值	550	500	460	415	370	320	275	230	185	135
	极限值	475	435	400	340	320	280	240	200	160	120

注：1. 高速环道设计速度指各车道平衡车速的最大值。
　　2. 高速环道圆曲线最小半径一般值采用超高角35°对应的圆曲线半径，极限值采用超高角45°对应的圆曲线半径。
　　3. 缓和曲线一般值采用侧摆角加速度变化率 J 值为 $2.0°/s^3$ 的最小长度，极限值采用侧摆角加速度变化率 J 值为 $4.0°/s^3$ 的最小长度。

1) 高速环道直线段纵坡应满足试验要求，宜采用平坡，如因条件限制需设置坡度时应设置单一纵坡，最大纵坡不宜大于0.5%。

2) 高速环道曲线段纵坡设计应采用竖向加速度变化率控制在人体运动特性极限值之内的设计原则，竖向加速度变化率不应大于 $0.24m/s^3$。

3) 高速环道曲线段纵坡应结合高速环道横断面设计一并布置，圆曲线段纵坡宜采用平坡，如因土方等条件限制必须设置坡度时，最大纵坡不宜大于0.5%；缓和曲线段平均纵坡不宜大于1.0%。

3　横断面设计

高速环道路基应采用整体式路基。路基横断面应由内侧土路肩、内侧硬路肩（停车带）、机动车道、外侧硬路肩（安全带）、堤顶路、外侧土路肩等部分组成。

1) 车道：
　　——高速环道的车道数应根据试验需求、场地条件等多因素综合考虑，不宜小于3车道，含高、中、低速车道各一条。
　　——高速环道直线段单车道宽度宜为3.5~4.5m，曲线段车道路面水平投影宽度宜为3.5~4.5m。对于乘用车专用试车场，高速环道单车道的宽度可适当减小，宜结合具体试验要求分析。
　　——高速环道曲线段应设置堤顶路，堤顶路宽度宜为4.0~5.0m。

2) 横断面布置：
　　——高速环道直线段横断面应设计为单向内倾的直线形路拱以利于排水，其横坡度则应根据所在地的气候特点及路面排水要求确定，宜采用1.0%，硬路肩、土路肩的横坡宜采用2%~4%，高速环道直线段典型横断面设计可按照图3.2.2-1布置。

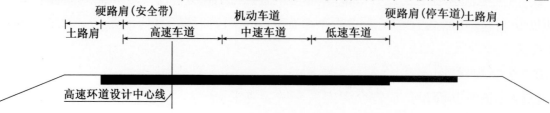

图 3.2.2-1　高速环道直线段典型横断面车道布置

——高速环道弯道上的横断面应综合考虑弯道横断面上的车速分布、土方数量及车辆行驶的安全性与舒适性等因素,行车道宜采用抛物线作为弯道的横断面形式,两侧土路肩、硬路肩、堤顶路宜采用直线形路拱,高速环道曲线段典型横断面车道布置应符合图 3.2.2-2 的规定。

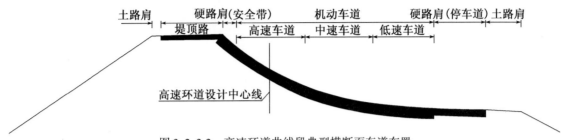

图 3.2.2-2　高速环道曲线段典型横断面车道布置

——高速环道内侧硬路肩(紧急停车道)不宜小于 2.5m,土路肩宽度不宜小于 0.75m,用地条件受限情况下土路肩宽度可取 0.5m。高速环道外侧安全带宽度应符合表 3.2.2-2 的规定。

表 3.2.2-2　高速环道外侧安全带最小宽度

设计速度(km/h)	≥180	180~120	120~80	≤80
外侧硬路肩(安全带)宽度(m)	1.5	1.25	1.0	0.75

——高速环道曲线段内侧硬路肩(停车道)的横坡宜与低速车道起点处的横坡一致。外侧硬路肩(安全带)的超高应与高速车道外侧边缘处一致。

3)建筑限界:

——高速环道建筑限界是为了保障试验汽车正常运行与安全,在一定宽度和高度范围内,不得有任何障碍物侵入。高速环道的净高不得小于 5.0m,同时应考虑施工机械和设备安装的需求。

——建筑限界应包括高速环道出入口处的加减速车道、停车道及堤顶路等部分。

条文说明

1　高速环道是汽车进行高速行驶试验的基本道路设施,也是汽车试验场及其他各种综合性试验场的主要构成部分。它的几何设计必须保证汽车能在高速下安全、平稳地连续行驶。

在一般的公路几何设计中,对于某一确定的设计速度,都有最小平曲线半径和最大横向超高的限制;而高速环道的设计则要求在相当有限的场地内为汽车提供一条能连续高速行驶试验的跑道。因此,无论是其平曲线半径还是横向超高都大幅超出了公路设计规范的限制。当车辆以设计速度(平衡车速)在高速环道弯道上行驶时,其受力状态如图 3-1 所示。

根据力的平衡关系,有式(3-1):

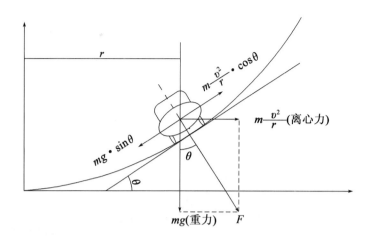

图 3-1 车辆在弯道上行驶时受力示意图

$$\begin{cases} m\dfrac{v^2}{r} \cdot \cos\theta = mg \cdot \sin\theta \\ F = mg \cdot \cos\theta + m\dfrac{v^2}{r} \cdot \sin\theta \end{cases} \quad (3\text{-}1)$$

式中：m——车辆的质量(kg)；

v——设计速度(平衡车速)(m/s)；

r——平曲线半径(m)；

θ——路面横向倾角(°)；

g——重力加速度(m/s²)；

F——车辆对路面的正压力(kN)。

由式(3-1)的第一式可以得到设计速度、平曲线半径与路面横向倾角的重要关系式，见式(3-2)：

$$\tan\theta = \dfrac{v^2}{g \cdot r} \quad (3\text{-}2)$$

(1)麦克康奈尔(McConnell)曲线理论基础

麦克康奈尔曲线直接以人体对运动的敏感度作为道路的几何设计准则，并从车辆在缓和曲线上高速行驶时的允许最大侧摆加速度变化率出发，推导出了用于缓和曲线设计的系列公式，形成了一套自成体系的高速环道几何设计方法。

由于高速环道设计速度高、可用场地小，所以在进行几何设计时不可避免地要采用相对半径小的平曲线。一般地，当车辆在平坦的直线路段或大半径的弯道上行驶时，行驶安全性及乘员舒适性是不成问题的，但当车辆在小半径弯道上高速行驶时则不同，它的6个运动自由度(纵、横、竖3个方向的直线运动和偏向、侧摆、纵摆3个角度的旋转运动)都在不断变化，并直接影响到行驶安全性和乘员舒适性，如图3-2所示。但大量的调查和研究表明，人体的感觉器官并不是对每一个运动自由度的变化都能感知，而是只有当这些力或力的变化达到人体运动特性极限值时，人体才会感觉到。为此，麦克康奈尔在总结杰克林(H. M. Jacklin)等前人研究成果的基础上,通过大量的试验找出了人体对各个运动自由度的感觉开始极限值(表3-1),并认为在进行高速环道几何设计时,如果能使各个运动自由度的特性值(速度、加速度及加速度变化率)都控制在人体运动特性极限值以内,则车辆的行驶舒适性好,乘员将难以凭感觉器官(视觉器官除外)"感觉"到弯道的存在,从而达到车辆在水平直线段上行驶时的舒适程度。这就是麦克康奈尔曲线设计方法的理论基础。

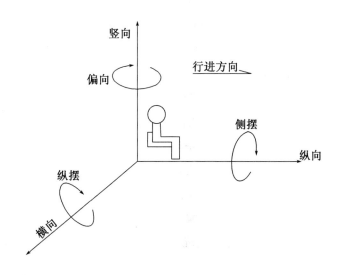

图3-2 运动自由度示意图

表3-1 人体对运动的运动特性极限值

运动自由度		运动特性极限值			
		位置 x	速度 dx/dt	加速度 d^2x/dt^2	加速度变化率 d^3x/dt^3
平移运动	纵向	无感觉	无感觉	±0.30m/s²	±0.15m/s³
	横向	无感觉	无感觉	±0.18m/s²	±0.09m/s³
	竖向	无感觉	无感觉	±1.20m/s²	±0.24m/s³
旋转运动	偏向	无感觉	±5.0°/s	±2.0°/s²	±1.0°/s³
	侧摆	±1.1°	±8.0°/s	±4.0°/s²	±2.0°/s³
	纵摆	±1.9°	±12.0°/s	±6.0°/s²	±3.0°/s³

(2)缓和曲线长度计算

车辆在缓和曲线段上行驶时,共有6个运动自由度发生变化,其中以人体对侧摆运动最为敏感。实践表明,如果能将侧摆运动的特性值控制在人体运动特性极限值以下,则其他各运动自由度的变化往往不会影响行车的舒适性。因此,麦克康奈尔曲线方程选择侧摆运动的加速度变化率 J 作为缓和曲线设计的控制参数。具体计算如式(3-3):

$$S = \left(\frac{32\varphi'}{J}\right)^{\frac{1}{3}} \times \frac{V}{3.6} \tag{3-3}$$

式中：S——缓和曲线长度(m)；

φ'——圆曲线侧摆角(°)；

J——允许侧摆加速度变化率(°/s³)，J的取值宜小于4°/s³；

V——高速环道设计速度(km/h)。

2 一般道路纵断面竖曲线常采用二次方程或抛物线形式，其竖向加速度为一不变的最小值，由于常规道路竖曲线长度一般较长，竖曲线变化较为缓和，对行车的舒适度影响较小。而高速环道由于场地限制，更有效的设计是采用三次方程形式，使竖向加速度和加速度能保持在某种要求的限值以内。

高速环道竖曲线设计将麦克康奈尔(McConnell)设计法引入，使竖向加速度和加速度变化率能保持在要求的阈值以内。同时考虑到汽车试验场往往建设在地形条件比较苛刻的地方，在满足基本车辆试验要求的前提下，参考国内外高速环道的设计经验，建议高速环道缓和曲线段设计纵坡控制在1%以内。

3 在高速环道的直线段上，其横断面一般均设计为单向内倾的直线形路拱以利于排水，其横坡度则需要根据所在地的气候特点及路面排水要求确定(一般取为1%~2%)，而弯道部分的横断面则应综合考虑车辆转弯时的离心力大小、车辆行驶时的抗倾覆稳定性、轮胎与路面之间的横向附着系数、路面横向排水等因素来进行设计。根据试验车流为单向车流的特点，弯道(圆曲线和缓和曲线)部分的横断面设计则不同于一般公路，往往需要进行特别的设计，其横断面形式一般采用抛物线形(二次抛物线、三次抛物线、四次抛物线)等。分析图3-3与图3-4可知，达到同一设计速度时，路面的超高倾角及横断面曲线的斜率随着曲线次数的增加而增加，这意味着对于高次曲线来说，路面的超高倾角极有可能超过曲面施工的极限坡度，这也是为什么在高速环道横断面设计中很少采用四次以上曲线形式的主要原因。

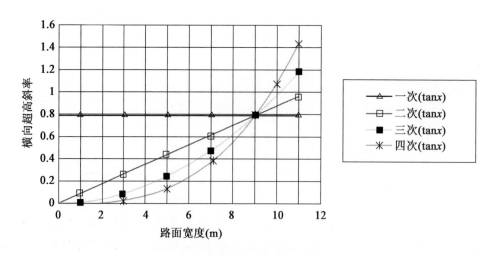

图3-3 曲线次数与超高斜率

另一方面，横断面形式采用三次曲线，平衡车速在横断面宽度方向上的分布呈近似线性关系，对用户而言这应是一种较理想的速度分布，也是三次曲线在60年代以后新建的试车场高速环道横断面设计中比其他各次曲线得到了更为广泛应用的原因。

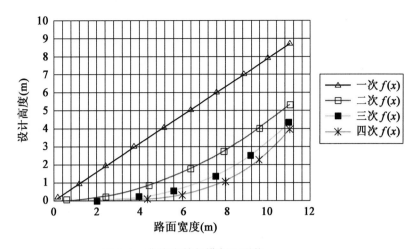

图3-4 曲线次数与横断面形状

3.2.3 直线综合性能试验路

1 直线综合性能试验路的几何设计应符合《汽车道路试验方法通则》(GB/T 12534)的有关规定,直线段长度宜在2~3km,条件受限时最小长度不应小于2.0km。

2 直线综合性能试验路两端应设置掉头车道或平台,转弯半径应满足试验汽车安全转向和掉头车速的要求,两侧掉头平台的布置宜保持一致。

3 直线综合性能试验路的出入口宜设置在两端掉头区域。

4 直线综合性能试验路两端可设置紧急避险区域(碎石缓冲区)或避险车道,规模、长度应满足试验汽车制动失效时的安全避险需求。

5 直线综合性能试验路纵断面坡度宜根据汽车试验要求确定,应设置单一纵坡,且不大于0.1%。

6 直线综合性能试验路横断面应为整体式路基,标准横断面由机动车道、两侧硬路肩、土路肩组成,土路肩、硬路肩宽度不宜小于0.5m。

7 直线综合性能试验路车道数最少为双向双车道,单车道宽度不宜小于3.5m,试验车为大型车时,单车道宽度不宜小于3.75m。

8 直线综合性能试验路宜采用双向路拱横坡,横坡度应结合排水要求,宜为1.0%~2.0%。

3.2.4 动态广场

1 动态广场试验区可设计为正方形、圆形、水滴形等形态。动态广场试验区的平面尺寸及大小应能满足试验车辆连续转向试验、转向回正试验、稳态转向试验等需要。

2 动态广场可根据其试验区形态,以试验区的对称轴或一侧边线作为设计基准轴线,加速车道的中心线应与基准轴线一致。

3 动态广场的加速车道长度应满足试验汽车从静止加速至试验区的长度要求。

4 动态广场试验区宜为平台区域,整个平台区域宜采用单向横坡。试验区域内任意方向两点之间坡度均不应大于0.5%。

5 动态广场加速段纵坡宜小于1.0%。若条件受限,纵坡大于1.0%时,可经技术论证后确定。

6 加速车道、驶离车道标准横断面应由机动车道、硬路肩、土路肩组成。试验区应由试验平台及外侧土路肩组成。

7 加速车道、驶离车道可各自为单车道道路,或合并为双向双车道,每条车道宽度不得小于3.5m。

8 加速车道、驶离车道单独设置时应在两侧设置硬路肩,合并设置时在各自的右侧设置硬路肩,硬路肩宽度不宜小于0.5m。加速车道、驶离车道两侧应设置土路肩,宽度不得小于0.5m。

9 加速车道、驶离车道可采用单向路拱横坡,横坡不宜大于2%,与试验区相接处,应过渡至与试验区的横坡一致。

3.2.5 操纵稳定性试验路

1 操纵稳定性试验路宜为单向行驶测试路,应由直线和曲线组成。

2 操纵稳定性试验路的平纵横设计应包含汽车试验的各种工况需要,应包括下列几何设计形态条件:
  1) 不同半径的同向圆曲线衔接。
  2) 不同半径的反向圆曲线衔接。
  3) 上、下坡同时进行左右转向。
  4) 连续同向变坡度上、下坡。
  5) 直线或大半径圆曲线接小半径圆曲线转向。
  6) 回头弯。
  7) 反向超高圆曲线(超高与圆曲线半径方向相反)。

3 操纵稳定性试验路纵坡应结合试验需要确定,宜小于5%。

4 操纵稳定性试验路的行驶速度、曲线半径、超高等技术指标根据试验要求确定。

5 操纵稳定性试验路根据试验需要可分为干、湿操纵稳定性试验路。干操纵稳定性试验路路面附着系数不宜小于0.8,湿操纵稳定性试验路路面附着系数不宜大于0.6。

6 操纵稳定性试验路标准横断面宜为整体式路基,由机动车道、两侧硬路肩、土路肩组成,两侧土路肩、硬路肩的宽度不宜小于0.75m。

7 操纵稳定性试验路宜为单向双车道,每车道宽度不应小于3.5m。若设置单车道时,圆曲线段处应加宽处理。

3.2.6 多附着系数试验路

1 多附着系数试验路应为直线测试路,可分为加速区、制动试验区及减速区,长度应根据试验汽车的性能(加减速距离、最高车速等)与试验需求确定。

2 多附着系数试验路加速区的长度应满足汽车从静止加速至试验车速的最小距离,且不宜小于400m;制动试验区测试路长度应满足不同附着系数路面组合试验的要求,且不宜小于200m;减速区的长度应满足汽车制动停止的要求,且不宜小于100m。

3 多附着系数试验路两端可设置掉头车道或平台,设计转弯半径应满足试验汽车安全转向的要求。

4 多附着系数试验路的试验区两侧应平行设置平坦的缓冲区,其宽度应根据试验车辆的试验车速确定,使试验汽车在横向滑移或偏离行驶方向后,应能满足安全制动停止的要求。

5 多附着系数试验路纵断面坡度应根据汽车试验要求确定,不宜大于0.1%。

6 多附着系数试验路单独布置时,标准横断面宜为整体式路基,由机动车道、两侧硬路肩、土路肩组成。

7 多附着系数试验路加速区与减速区的车道数宜采用单车道,车道宽度不宜小于4.5m。试验区的车道数应由不同附着系数的测试路品种确定,各附着系数测试路采取平行布置或纵向串联布置。

8 多附着系数试验路宽度由试验需求确定,车道宽度不宜小于4.0m。

9 多附着系数试验路为单独试验模块时,加减速区硬路肩宽度不宜小于0.75m,土路肩宽度不宜小于0.75m。

10 多附着系数试验路宜采用单向横坡,结合喷水、漫水、排水的需要,横坡不宜大于1.0%。

条文说明

10 多附着系数试验路的试验车速可达到120km/h,不同试验车辆的加速和减速距离有不同的要求,本规程要求的400m加速段和100m减速段可满足大部分乘用车要求。若条件允许,设置800m加速段和150m减速段可满足乘用车和部分商用车要求。

多附着系数试验路的各附着系数试验路的布置除需考虑试验的需求外还应结合给排水和有效安全缓冲区的需求进行统筹设计。

3.2.7 噪声试验路

1 噪声试验路分为加减速段与噪声试验区,可在两端设置掉头车道,汽车可进行单向往复行驶试验,基本几何设计应符合现行《汽车加速行驶车外噪声限值及测量方法》(GB 1495)的有关规定。

2 噪声试验区的几何形态及尺寸应满足最小标准测试路面的要求,如图3.2.7所示。

3 以测试区中心为圆心,半径50m范围内应无大的声反射物,当外部噪声试验路紧邻其他测试路模块时,宜在50m半径范围处设隔音墙,防止其他试验汽车噪声干扰。

4 车外噪声试验区纵坡宜为平坡。设有纵坡时,不应大于0.5%,合成纵坡不应大于1.0%。噪声试验路加减速段纵坡应满足试验需求。

5 车外噪声试验路应设置单向路拱横坡,横坡坡度不应大于1.0%。

6 加减速车道标准横断面由机动车道、硬路肩、土路肩组成。试验区由试验平台及外侧土路肩组成。加减速车道可布置为单向车道,车道宽度不应小于3.5m,两侧硬路肩不宜小于0.5m,土路肩不宜小于0.75m。

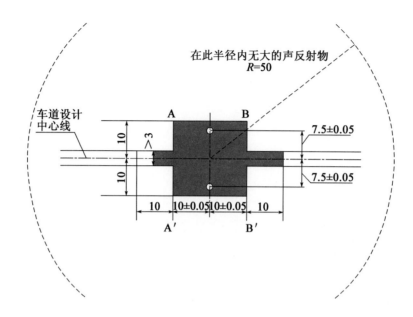

图3.2.7 噪声试验区最小标准测试路面(尺寸单位:m)

注:下图阴影部分AB、A′B′所围区域为测试平台长度,AA′、BB′为测试平台宽度。

7 噪声试验路加速段长度应满足车辆从静止加速至试验所需车速(50~80km/h)的最小距离,不宜小于100m。

条文说明

(1)噪声试验路对背景噪声有要求,因此,本规程推荐在测试区中心50m半径范围处设隔音墙,以避免外界声源对噪声试验路试验的影响。

(2)车内噪声试验路根据试验要求可借助高速环道、直线综合性能试验路等特种道路进行,可不单独形成一个试验模块。在上述情况下,其他特种道路几何线形设计应兼顾车内噪声测试时的相关设计要求。

3.2.8 可靠性、耐久性试验路

1 可靠性、耐久性试验路一般要求

1)可靠性、耐久性试验路设置应符合现行《汽车道路试验方法通则》(GB/T 12534)、《机械振动 道路路面谱测量数据报告》(GB/T 7031)、《汽车可靠性行驶试验方法》(GB/T 12678)、《汽车耐久性行驶试验方法》(GB/T 12679)等相关规范的有关规定。

2)可靠性、耐久性试验路宜布置为单向试验路。

3)可靠性、耐久性试验路直线段、平曲线段的长度应结合规划的试验路径与各种特殊路面的特种道路长度要求确定。

4)可靠性、耐久性试验路横断面宜采用整体式路基,标准横断面由机动车道、两侧硬路肩、土路肩组成,每侧硬路肩、土路肩宽度不宜小于0.5m。

5)可靠性、耐久性试验路内部的连接道路与各特种道路单车道宽度不宜小于3.5m,特殊特种道路宽度应根据具体的路谱或结构特点确定。

2 比利时路

1)比利时路长度应根据试验需要确定,采用数值模拟计算时,计算长度应满足有效频率上限要求,实际测试路数据可在计算长度内提取。

2)比利时路宽度不应小于3.5m。

3)比利时路路面采用几组相同尺寸的预制长方体石块排列,按行列排列或采用扇形排列;石块排列时的横缝应对齐,纵缝应错开。

4)比利时路的长方体石块的纵向长度应根据试验车速和所需的激励频率确定,激励频率可控制在35~120Hz。长方体石块的横向长度宜为纵向长度的1.5~2.3倍。长方体石块的高度应与长、宽相匹配,满足石块的强度及施工需要。

5)比利时路的平整度等级应根据汽车试验要求确定,宜按照现行《机械振动 道路路面谱测量数据报告》(GB/T 7031)路面分级标注中的E~F级确定。

6)比利时路的路谱可由对应的实际道路按网格划分后实测得到,或根据路面平整度的数值模拟计算得出。

3 卵石路

1)卵石路路面应由普通路面镶嵌不同粒径大小的卵石形成。根据不同的试验需要,卵石路按卵石粒径可分为小卵石路(50~200mm)、中卵石路(150~300mm)和大卵石路(250~350mm)。

2)卵石路的纵向长度应根据试验车速和所需的激励频率确定,激励频率宜控制在5~20Hz。路面平整度等级按卵石大小可控制在C~F级。

4 扭曲路

1)扭曲路可由两排相互交错分布的凸块组成,扭曲强度根据试验需要确定。

2)扭曲路路谱设计应符合下列规定:

——根据试验汽车特点,凸块形状可采用梯形、正弦波形或环锥形。

——凸块的高度可由底盘最小高度确定,高度宜为80~200mm。

——凸块间距可由试验汽车身长度等参数确定。

5 搓板路

1)搓板路为密集波浪形高低起伏路面,根据不同的激励强度输入采用不同形态的波形,纵向长度根据试验需要确定。搓板路纵向长度不宜小于600m。

2)搓板路路谱设计应确定下列控制参数:

——搓板路的波距与波峰可根据试验汽车的尺寸、试验车速及激励强度确定,控制激励频率宜为10~70Hz。

——搓板路根据试验需要可由正搓板与斜搓板或错位搓板组合而成。正搓板路宽度宜不小于3m,一侧斜搓板或错位搓板宽度应不小于0.7m。斜搓板或错位搓板的设计应根据左右车轮的相位差要求确定。

6 波形路

1）波形路为路面表面平坦但宏观起伏较大的测试路，可由单一正弦波或多种正弦波组合而成。

2）波形路路谱设计应明确下列控制因素：

——波形方程各参数的值应根据汽车试验的要求确定，主要为周期 L 与振幅 h。各参数的含义如图 3.2.8 所示。

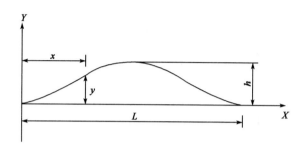

图 3.2.8 波形路周期 L 与振幅 h

——波形路的布置可由多种不同振幅的波形按一定的间距组合而成，波形路根据试验需要可错位布置波形。波形路主路宽度宜满足整车行驶宽度，不宜小于 3m，错位布置的波形路宽度不宜小于 0.7m，两者之间的错位距离根据试验汽车前后两轮的相位差确定。

——波形的间距应根据汽车试验的激励频率确定，宜为 15～25m。

7 井盖路

1）井盖路为交错布置井盖的特种道路。宜根据不同的试验要求采用不同大小与凹凸高度的井盖。

2）井盖路路谱设计应符合下列规定：

——井盖应在路面内按一定密度随机布置，密度应根据试验需要的激励频率决定，可控制在 10Hz 左右。

——井盖大小可根据试验要求进行组合，宜为 300～1 000mm。

——井盖下凹深度或凸起高度应由试验强度要求确定，宜为 10～30mm。

8 台阶路

1）台阶高出地面的高度可采用 50mm、100mm、150mm、200mm、300mm，台阶宽度不宜小于 4m。

2）台阶行车方向长度应按平坡段和斜坡段划分。平坡段台阶长度不得小于 9m，斜坡段坡比宜不陡于 1∶20。

9 接缝路

1）接缝分为凸接缝和凹接缝，接缝距离宜为 5.0m。

2）凸、凹接缝宽度应为 30mm，均采用硬质橡胶条嵌缝，凸接缝高出地面 5mm，凹接缝低于地面 10mm。

10　水泥混凝土裂缝和沥青补块路

1）水泥混凝土裂缝和沥青补块路路面宽度宜为4m。

2）水泥混凝土裂缝和沥青补块平均长度宜为2.5m。

3）路面破裂深度宜为20～30mm,沥青补块厚度宜为9～20mm。

11　凹坑路

1）凹坑路为交错布置凹坑的路面,应根据不同的激励强度试验要求采用不同形态的凹坑,可有鱼鳞坑、方坑、异形坑三种类型。

2）凹坑的类型应根据模拟实际道路的要求确定。异形坑坑边缘采用垂直台阶,深度为5～8cm。鱼鳞坑或方坑,坑边缘采用斜坡,深度可为8～20cm。作为通过性坏路试验时,其路面平整度等级控制在E级或E级以下。

3）凹坑的布置间距应根据试验要求确定。采用较小鱼鳞坑时,可以对单位面积的鱼鳞坑数量进行控制,每平方米可布置1～2个。采用较大的方坑或异形坑时,平均间距应不小于2.5m。

4）凹坑的大小应根据试验汽车的特性确定,应根据试验需要设置不同大小和品种的凹坑。中、大型凹坑尺寸为1.0m×0.7m左右,小型凹坑尺寸为0.7m×0.5m左右。

12　涉水池

1）涉水池主要用于汽车涉水通过性与汽车零部件耐久性试验,通常可分为加减速区与涉水区。

2）涉水池内部宽度不宜小于4.5m,长度包括两侧进入涉水区的斜坡及池底长度,总长度宜大于80m。涉水池深度根据试验需要确定,且不小于1.5m,池底长30～40m。

3）涉水池出入池底的斜坡坡度宜为10%～15%,斜坡两端应设置竖曲线与衔接道路顺接,竖曲线半径不宜过小,应根据试验车的轴距、底盘高度、前悬等参数计算确定。

4）池底横坡宜为平坡,池底纵坡不大于1.0%,路面为水泥混凝土路面。

5）涉水区应采用防渗设计,合理布置入水口与出水口,池底应进行防滑处理。

6）涉水池长度或深度较大时,宜在侧墙设置安全逃生门或紧急放水口。

13　盐溅池

盐溅池主要用于考核车辆车身及底盘零部件耐腐蚀能力,模拟车辆在撒盐融冰路面上行驶。

1）盐溅池上方可设置顶棚和挡墙,盐水浓度在5%左右,盐溅池结构钢筋应进行防盐腐蚀处理,槽底和内壁应进行防渗漏处理,盐溅池一端宜配备溶液槽,并设置防溶蚀管道与盐溅池相连。

2）盐溅池结构蓄水部分宽度宜不小于4.5m,底部长20～45m,盐水深度应为0.2～0.5m(具备可调节功能),出入水坡度不大于5%,盐水池两侧设高4.5m左右的挡墙。

3）池底宜为平坡,池底纵坡不大于0.05%,水泥混凝土路面。

14　交叉钢轨路

钢轨中心线与设计道路中心线夹角可分斜交、正交两种,钢轨顶面应与路面设计高程齐平,钢轨轨道之间的宽度应根据试验要求确定。

15 减速带路

减速带可采用白色热熔漆、横枕木等。当采用白色热熔漆时,厚度宜高出地面5mm;采用横枕木时,横枕木宽度宜采用0.3m、高出地面4cm、间距1.2m,6个横枕木为一组。

条文说明

2 比利时路的平整度随试验对象的不同而有很大差异,国内外用于商用汽车试验的高程标准差一般在20~24mm,重型越野车辆试验路面石块高程标准差可达26mm。

3 对国内外试车场卵石粒径调查,卵石路采用的卵石粒径通常在50~350mm。本规程根据卵石粒径大小将卵石路分为小卵石路、中卵石路、大卵石路。其中小卵石路和中卵石路较为常用,大卵石路一般仅适用于特种车辆,如军用车辆、大型工程车辆。

应根据试验强度需要选用合适的卵石路,不同卵石路埋入路面的卵石体积均不宜小于总体积的2/3。

卵石的密度及间距(每平方米卵石的数量及相邻卵石之间的平均距离)根据试验需要的激励频率确定。

3.2.9 通过性试验路

通过性试验路可分为地形通过性试验路与地面通过性试验路。地形通过性试验路是考查汽车机动性能的重要设施,对车辆的通过性能做出全面、客观、公正的试验评价,包括陡纵坡、侧坡、垂直台阶、路沟、凸岭、涉水池等,试验设施应满足现行《汽车地形通过性试验方法》(GB/T 12541)的试验要求。

地面通过性试验路包括沙地、田地、泥泞地和沼泽地等,设置长度宜在75~150m。沙地沙层厚度宜在0.6m左右,翻耕地宜为粉质黏土,厚度宜在1.0m左右,泥泞地主要由沙土与泥土组成,表面黏结、打滑,沼泽地为天然荒地,地表过湿或有薄层积水。

3.2.10 标准坡道

标准坡道宜为一个坡度的标准直线坡道,也可根据试验需要设置缓陡结合标准坡道或蛇形标准坡道,其基本功能设置应符合现行《汽车爬陡坡试验方法》(GB/T 12539)的有关规定。

1)标准坡道的总长度包括起坡段和终点处的两段圆弧与中间直线段斜坡,总长度不应小于25m;中间直线段斜坡的长度不应小于1.5倍的试验车长且不小于10m。

2)标准坡道上下坡起终点前应设置8~10m的平直路段。

3)标准坡道的纵坡应根据试验需要确定,标准坡道的坡度为10%~60%。坡度小于30%的标准坡道路面结构可选用沥青、水泥混凝土和铺砌块石结构,坡度大于30%的标准坡道路面结构不宜采用沥青路面结构。在坡度较大(30%以上)时,坡长应按实际斜坡长计算。

4)标准坡道起终点处的竖曲线在坡度较小(小于15%)时可采用常规的二次抛物线替代标准圆弧线,坡度较大时应采用标准圆弧线。

5）标准坡道起终点处的竖曲线应进行汽车底盘触地验算。竖曲线半径不宜小于 20m。

6）标准坡道宜在起终点处设置足够长的连接道路,满足汽车安全制动的需要。

7）每条标准坡道的横断面宜采用整体式路基,由机动车道、两侧硬路肩、土路肩组成。

8）每条标准坡道宜为单车道,宽度不宜小于 3.5m。对于带平曲线的蛇形标准坡道,应根据转弯半径和试验汽车性能,在平曲线处进行加宽,加宽值为 0.5~1.0m。

9）每条标准坡道应在两侧设置硬路肩,每侧宽度不宜小于 0.5m。

10）标准坡道应设置停车区（试验等待区）。停车区大小应根据测试频率和试验车辆种类确定。

3.3 路基设计

3.3.1 一般规定

1 特种道路路基设计方案应做到技术先进、经济合理、安全可靠、方便施工。

2 特种道路,尤其是高速环道、动态广场等特种道路路形要求标准较高,占地较大,高填深挖路基较多,设计时应充分考虑路基沉降的不均匀性,采用合适的填筑方式及材料选择。

3 本规程对特种道路路基区别于一般道路路基的特殊性方面提出具体设计要求,其他设计标准应符合现行《公路路基设计规范》（JTG D30）等相关规范的有关规定。

3.3.2 一般路基

1 特种道路路基工程宜做到安全可靠、节约用地、保护环境、土方平衡。对于高速环道、标准坡道等土方量大的项目,宜在汽车试验场用地范围内做好土方调配设计。

2 特种道路路基设计等级应根据特种道路试验分类要求选用合适的分级标准。高速环道及动态广场、直线综合性能试验路应选用高标准路基设计等级,具体分级按表 3.1.5 执行。

3 特种道路路基顶面设计回弹模量应符合表 3.3.2-1 的规定,不满足要求时应采取必要的补强措施。

表 3.3.2-1 特种道路路基顶面设计回弹模量

路基设计等级	回弹模量（MPa）	路基设计等级	回弹模量（MPa）
一级	≥60	三级	≥40
二级	≥50		

4 特种道路路基填筑应符合下列规定：

1）路基应分层铺筑,均匀压实。高速环道和标准坡道的路基应进行削坡处理。高速环道削坡宽度不宜小于 0.5m。

2）路基宜选用级配较好的砾类土、砂类土等粗粒土作为填料,填料最大粒径应小于150mm。

3）路基填料应均匀,其最小承载比、压实度应分别满足表3.3.2-2、表3.3.2-3的规定。

表3.3.2-2 特种道路路堤填料最小承载比要求

路面底面以下深度 (m)	填料最小承载比(CBR)(%)		
	路基设计等级		
	一级	二级	三级
0~0.3	8	6	5
0.3~0.8	5	4	3
0.3~1.2	5	4	—
0.8~1.5	4	3	3
1.2~1.9	4	3	—
≥1.5	3	2	2
≥1.9	3	2	2

表3.3.2-3 特种道路路基压实度

路面底面以下深度 (m)	压实度(%)		
	路基设计等级		
	一级	二级	三级
0~0.3	≥96	≥95	≥94
0.3~0.8	≥96	≥95	≥94
0.3~1.2	≥96	≥95	—
0.8~1.5	≥94	≥94	≥93
1.2~1.9	≥94	≥94	—
≥1.5	≥93	≥92	≥90
≥1.9	≥93	≥92	≥90

5 高速环道曲线段及标准坡道多为高路堤或深路堑,且填筑高度沿横断面极不均匀,应单独验算路堤稳定性。

条文说明

通常试车场特种道路的交通荷载等级比常规道路小,基本上无超载情况,但为减少后期维护次数和延长维修周期,尤其是对路形标准要求很高的特种道路如高速环道、动态广场、直线综合性能试验路等,路基顶面设计回弹模量、CBR值以及压实度等技术标准应按高标准要求。

3.3.3 路基排水

1 特种道路路基排水设计应防、排、疏结合,并与路面排水、路基防护、地基处理以及特殊路基地区(段)的其他处治措施等相互协调,形成完善的排水系统。

2 路基排水设计应遵循总体规划、合理布局、少占农田、环境保护的原则,并与当地排灌系统协调。排水困难地段,可采取降低地下水位、设置隔离层等措施,使路基处于干燥、中湿状态。

3 施工场地的临时性排水设施,应尽可能与永久性排水设施相结合。各类排水设施的设计应满足使用功能要求,结构安全可靠,便于施工、检查和养护维修。

3.3.4 路基防护

1 特种道路路基防护应根据当地气候、水文、地形、地质条件及筑路材料分布情况,采取工程防护和植物防护相结合的综合措施,防治路基病害,保证路基稳定,并与周围环境景观相协调。对于路基稳定性不足和存在不良地质因素的路段,应注意路基边坡防护与支挡加固的综合设计。

2 路基支挡结构设计应满足在各种设计荷载组合下支挡结构稳定、坚固和耐久;结构类型选择及设置位置的确定应安全可靠、经济合理、便于施工养护;结构材料应符合耐久、耐腐蚀的要求。

3 在地下水较为发育路段,应注意路基边坡防护与地下排水措施的综合设计。在多雨地区,用砂类土、细粒土等填筑的路堤,应采取坡面防护与截排水的综合措施,防止边坡冲刷破坏。

4 其余未尽事宜参考现行《公路路基设计规范》(JTG D30)。

3.3.5 特殊路基

1 当特种道路路基范围内存在软土、黄土、膨胀土、红黏土、盐渍土等特殊土质时,应根据地质勘查报告合理确定地基处理方案,以满足地基承载力、稳定性及沉降的要求。

2 特种道路路基允许工后沉降应符合表3.3.5规定。当不满足表3.3.5要求时,应针对沉降进行处治设计。

表3.3.5 路基允许工后沉降标准

工 程 位 置	工后沉降要求(m)
桥台、涵洞、箱涵、通道	≤0.04
一般试验路段	≤0.06
高速环道直线段/动态广场	≤0.03
高速环道曲线段/直线综合性能试验路	≤0.05
非特种道路	≤0.08

条文说明

(1)路基工后沉降检测时间一般应控制在特种道路设计使用年限末期。

(2)对于试验路按工后沉降指标进行路基控制,除满足表3.3.5路基允许工后沉降标准外,如有特殊试验要求应进行专项分析。

3.4 路面设计

3.4.1 一般规定

1 特种道路路面类型、结构形式较常规道路更为复杂,其路面设计首先应满足现行《汽车道路试验方法通则》(GB/T 12534)、《机械振动 道路路面谱测量数据报告》(GB/T 7031)、《汽车可靠性行驶试验方法》(GB/T 12678)、《汽车耐久性行驶试验方法》(GB/T 12679)等各种试验规范、标准的技术要求。

2 特种道路路面设计应包括面层类型选择与结构层组合设计,宜根据表 3.1.4 及表 3.1.5 选择合适的技术标准,按照现行《公路沥青路面设计规范》(JTG D50)或《公路水泥混凝土路面设计规范》(JTG D40)执行,特种道路路面设计的各项技术指标在满足一般道路设计规范要求前提下还应根据汽车试验特殊要求专项设计。

3.4.2 路面总体设计

1 特种道路路面可分为面层、基层和垫层。

1)特种道路路面面层设计除应满足一定强度、稳定性与耐久性以外,还应满足平整度、抗滑性能、耐磨、不同附着系数等特殊要求,即按照特种道路的汽车试验要求进行专门设计。

2)特种道路路面基层应满足强度、密实度/压实度、扩散荷载的能力以及水稳定性和抗冻要求。沥青路面宜采用柔性基层。

3)特种道路路面垫层应满足强度、密实度/压实度、渗透性和水稳定性的要求。

2 沥青混凝土特种道路路面面层设计应符合下列规定:

1)沥青混凝土特种道路路面面层应根据汽车试验要求对材料的各项性能、级配等参数进行特殊设计。

2)沥青混凝土特种道路路面面层其他要求可按照现行《公路沥青路面设计规范》(JTG D50)执行。

3 水泥混凝土特种道路路面面层设计应符合下列规定:

1)水泥混凝土特种道路路面面层应满足汽车试验需要的表面构造要求,包括路表起伏形态、构造深度等。

2)水泥混凝土特种道路路面面层的水泥混凝土应满足强度要求,弯拉强度设计标准值不宜低于 4.5MPa。

3)水泥混凝土特种道路路面面层其他要求可参考现行《公路水泥混凝土路面设计规范》(JTG D40)。

4 铺砌类特种道路路面面层设计应符合下列规定:

1)采用铺砌类特种道路路面时,面层以下应采用 1~3 层水泥稳定碎石或水泥稳定砾石,面层两侧边缘应设置约束基石,其余各结构层材料组成设计、厚度计算可参照现行《公路水泥混凝土路面设计规范》(JTG D40)与《公路水泥混凝土路面施工技术细则》(JTG/T F30)。

2）铺砌类特种道路路面面层设计内容包括砌块材料、砌块尺寸、接缝形式、填缝/勾缝材料、砌块水平/垂直高程排列方式等，设计方案应满足汽车试验的需求。

3）铺砌类特种道路路面面层应满足汽车试验的强度要求，混凝土预制块的抗压强度不宜小于40MPa，在冰冻区不宜小于50MPa。

4）铺砌类特种道路路面面层与基层之间应设置砂垫层或干砂浆垫层，砂浆强度应满足汽车试验的需求，垫层厚度不得小于3cm。

5）铺砌类特种道路路面面层的接缝应采用填缝砂、筛分石屑或柔性填缝料填充。

6）铺砌类特种道路路面砌块之间的勾缝材料宜采用细石混凝土。

5 安装类特种道路路面设计应符合下列规定：

采用安装类特种道路路面时，安装模块应与基层混凝土板紧密连接，基层厚度应大于10cm，混凝土强度等级不宜小于C25。

3.4.3 高速环道

1 高速环道采用沥青面层时应符合下列规定：

1）高速环道沥青面层不宜小于3层，基层直线段宜采用柔性基层，曲线段考虑到沥青面层摊铺宜采用低剂量水泥稳定碎石，7d无侧限抗压强度宜为2.5~3.0MPa。

2）沥青面层表面应根据试验需要，满足平整度、各层铺筑高程误差、抗滑系数等要求。

3）沥青混合料的主骨料宜采用高温稳定性好、强度高、耐磨性好的石料。

2 高速环道采用水泥混凝土面层时应符合下列特殊规定：

1）高速环道曲线段水泥板块的划分应根据平曲线曲率半径计算确定。直线水泥板与平曲线设计间隙应控制在3mm以内。

2）高速环道曲线段水泥混凝土路面宜配筋加强，板块之间纵缝应设置拉杆，横缝应设置传力杆。

3）水泥混凝土路表面宏观抗滑构造应采用硬刻槽方式制作；细观抗滑纹理可采用软拉毛制作，应根据试验需要满足平整度、接缝高差、构造深度等要求。

3 高速环道曲线段路面基层应具有一定强度以满足刷坡及摊铺面层要求，7d无侧限抗压强度宜为3.5~4.5MPa。

4 高速环道面层混凝土弯拉强度设计标准值不应小于5.0MPa。

3.4.4 直线综合性能试验路

直线综合性能试验路应满足下列特殊规定：

1 直线综合性能试验路如必须进行车内噪声试验，宜采用沥青路面。

2 沥青或水泥混凝土路面应满足汽车试验的平整度、附着系数、抗滑性能等要求。

3.4.5 动态广场

动态广场宜采用沥青路面，沥青面层不宜小于3层，并满足较高的动态平整度要求，基层宜采用柔性基层。

3.4.6 操纵稳定性试验路

操纵稳定性试验路应采用沥青路面,面层宜采用 3 层。湿操纵稳定性试验路应落实漫水/洒水措施。

3.4.7 多附着系数试验路

1 多附着系数试验路的路面附着系数通常指潮湿状态下轮胎与地面之间的附着系数。

2 多附着系数试验路至少包含 2 种不同附着系数的路面,且最高附着系数与最低附着系数的比值不得小于 2。

3 多附着系数试验路可包含下列典型路面:

1) 高/低附着系数沥青路面($\mu = 0.6 \sim 0.9$)。
2) 光滑/粗糙水泥混凝土路面($\mu = 0.4 \sim 0.7$)。
3) 瓷砖/玄武岩/大理石路面($\mu = 0.1 \sim 0.4$)。
4) 砾石路面($\mu = 0.4 \sim 0.5$,干燥状态)。

4 多附着系数试验路的路面设计应满足下列特殊规定:

1) 测试区路面与两侧连接道路的路面搭接处应采取一定的措施保障强度要求,确保不产生裂缝。
2) 路面材料的附着系数、强度指标等应在正式铺筑前进行试验确认。
3) 路面纹理深度宜为 0.4~1mm。

3.4.8 噪声试验路

噪声试验路路面设计应满足下列特殊规定:

1 噪声试验路试验区宜采用沥青路面。

2 沥青混合料的级配要求、沥青路面的平整度、构造纹理和吸声系数等应满足现行《声学—测量道路汽车及汽车轮胎噪声排放的试验车道规范》(ISO 10844)的相关规定。

3.4.9 可靠性、耐久性试验路

可靠性、耐久性试验路路面设计首先应满足现行《汽车道路试验方法通则》(GB/T 12534)、《机械振动 道路路面谱测量数据报告》(GB/T 7031)、《汽车可靠性行驶试验方法》(GB/T 12678)、《汽车耐久性行驶试验方法》(GB/T 12679)等相关规范要求。其他要求按照现行《公路沥青路面设计规范》(JTG D50)或《公路水泥混凝土路面设计规范》(JTG D40)执行。

1 比利时路

1) 比利时路应设计为 U 形槽结构,U 形槽结构底板厚度不宜小于 20cm,混凝土强度等级不应低于 C30。
2) 石块可采用混凝土预制或天然石材切割,表面应磨光,棱角应进行倒圆处理,倒圆

半径2~4mm。石块的饱和极限抗压强度不得小于60MPa,在冰冻区时,还应满足相应的抗冻要求。石块和U形槽之间宜采用细石混凝土作为嵌石基础。

2 卵石路

1)卵石路宜采用水泥混凝土路面,水泥混凝土设计弯拉强度标准值不宜低于4.5MPa,厚度不宜小于20cm。

2)卵石可采用天然鹅卵石,表面应光滑,不宜有尖锐的棱角。卵石的强度应满足汽车试验的强度要求,可固定在混凝土路面中,深度宜大于卵石最大方向直径的2/3。

3 扭曲路

1)扭曲路宜采用水泥混凝土路面,水泥混凝土设计弯拉强度标准值不宜低于4.5MPa。

2)水泥混凝土路面宜采用双层配筋,在扭曲凸起处钢筋应弯曲处理,路面厚度不宜小于24cm。

4 搓板路

1)搓板路宜采用水泥混凝土路面,水泥混凝土设计弯拉强度标准值不宜低于4.5MPa。

2)水泥混凝土路面宜采用双层配筋,在搓板凸起处钢筋应弯曲处理,厚度不宜小于24cm。

5 波形路

波形路宜采用钢筋水泥混凝土路面,水泥混凝土设计弯拉强度标准值不宜低于4.5MPa。波形路路面波谷处混凝土面层厚度不小于24cm。

6 井盖路

井盖路面层应采用水泥混凝土,设计弯拉强度标准值不宜低于4.5MPa,厚度不宜小于24cm。井盖宜采用金属构件,通过锚固钢筋固定在水泥混凝土面层中,并应满足汽车试验的冲击强度要求。

7 台阶路

台阶路面层应采用水泥混凝土,设计弯拉强度标准值不宜低于4.5MPa,厚度不小于24cm。

8 铺石路

1)铺石路路面宜采用水泥混凝土U形槽固定花岗岩或其他坚硬块石铺筑而成,U形槽混凝土强度等级不低于C30。

2)块石与U形槽之间应采用细粒式混凝土作为垫层,垫层厚度不宜小于20cm。

9 砂石路

砂石路面层可根据试验要求采用砾石、砂土或细砂,面层厚度不宜小于20cm。

10 凹坑路

凹坑路面层应采用钢筋水泥混凝土,面层厚度不宜小于24cm。

11 涉水池、盐溅池

涉水池及盐溅池应设计为U形槽结构。槽结构混凝土等级不低于C30。槽底结构底板厚度不应小于30cm,同时考虑排管安装需求。U形槽结构找平层可采用贫混凝土,混凝土强度等级不小于C15。

12 交叉钢轨路

交叉钢轨路模块宜采用预制工艺并设计吊装组块。铁轨型号应根据使用需求选取。

13 减速带路

减速带路可采用沥青混凝土路面或水泥混凝土路面。沥青混凝土路面宜采用双层结构,水泥混凝土路面结构面层厚度不宜小于24cm,设计弯拉强度标准值不宜低于4.5MPa。

3.4.10 通过性试验路

通过性试验路中的陡纵坡、侧坡、垂直台阶、路沟、凸岭、涉水池等,试验设施应满足现行《汽车地形通过性试验方法》(GB/T 12541)的试验要求。

3.4.11 标准坡道

1 标准坡道坡度大于30%时应采用水泥混凝土路面,基层及垫层宜采用无须碾压的填筑材料,如振捣密实的水泥混凝土、贫混凝土等。

2 标准坡道采用水泥混凝土路面且当坡度较大时应对水泥混凝土路面进行刻槽或拉毛处理,提高附着系数,满足汽车试验要求。面层与基层之间宜设置水平凹凸榫或锚固钢筋,防止其相对滑移。路面结构与土基之间设置凸榫,增强坡道抗滑移能力。

3.5 特种道路安全设施

3.5.1 一般规定

1 特种道路交通安全和管理设施设计应包括交通标志、标线及安全护栏设计。

2 特种道路交通安全和管理设施设计方案应根据的试验需求、试验汽车设计速度、安全防护等级来确定。原则上尽可能以缓冲区/安全净区代替安全护栏,以柔性防护设施代替刚性防护设施。

3.5.2 特种道路标志、标线设置规定

1 特种道路标志设置数量应根据试验场性质确定,内部专用试验场可少设置标志;对外运营的试验场应在各个试验模块的出入口、岔道处设置指示标志。

2 特种道路标志内容应包括出入口位置、特种道路路名、设计速度、加/减速位置、里程碑、车距指示等内容,标志设置不得侵入特种道路的建筑限界。

3 特种道路标线设置应明确规定汽车试验的行驶路径及试验范围,行驶路径及试验范围不应出现歧义。

4 标线的厚度应不影响特种道路的整体平整度,且标线附着系数应与路面一致。高速环道、动态广场、噪声试验路的标线宜采用厚度较薄的水性道路标线。

5 标线颜色宜采用白色、黄色。当试验道路不是模拟公路、城市道路时,下列情形下可采用其他颜色标线:

1)以其他亮色系颜色标线统一替代整个场区的黄色标线。

2)以其他亮色系颜色标线统一替代水泥混凝土路面上的白色标线。

6 无特殊说明外,其他设置要求应参照现行《道路交通标志和标线》(GB 5768)。

3.5.3 特种道路护栏设置规定

1 下列特种道路在两侧无安全净区时应设置护栏:高速环道、直线综合性能试验路、动态广场、操纵稳定性试验路、多附着系数试验路、标准坡道。下列特种道路在两侧无安全缓冲区时宜设置安全护栏:噪声试验路(测试平台区除外),可靠性、耐久性试验路,通过性试验路。

安全净区最小宽度2.0m。安全缓冲区最小宽度、长度要求见表3.5.3。

表3.5.3 安全缓冲区最小宽度、长度要求

车速(km/h)	最小宽度(m)	最小长度(m)
80	8	8 + 试验段长度 + 8
120	12	12 + 试验段长度 + 12
160	20	20 + 试验段长度 + 20

2 高速环道曲线段外侧必须设置护栏,护栏拼接方向应与行车方向一致。

3 操纵稳定性试验路、多附着系数试验路、动态广场等护栏内侧宜预留空间设置轮胎墙,轮胎墙宜采用圆头螺栓和传送带将半径为0.5m的汽车轮胎内外两圈进行固定,轮胎墙最小高度为1m。

4 护栏等级应与试验车速、试验汽车质量、碰撞角度、路侧的危险程度相匹配。碰撞能量等级、护栏等级及选择依据可参考现行《公路护栏安全性能评价标准》(JTG B05-01)和《公路交通安全设施设计规范》(JTG D81)。

5 高速环道设计速度大于120km/h时,安全护栏的选用宜进行安全性论证。

3.5.4 视频监控设施系统设计规定

试验场视频监控设施系统设计内容应包括监控中心系统构成、监控外场设备布设、监控数据、图像传输方案、监控外场设备供电、对接地防雷等要求。

监控中心宜设置在管理楼内,设有监控机房及监控控制室,配备各类视频监视、控制、记录设备。各类设备应实现对视频信号的显示及切换,并通过控制键盘实现对外场设备的控制与管理。

条文说明

特种道路安全设施设计以满足试验安全为首要目标,结合实际试验需求配合使用。

高速环道等试验车速较高的特种道路安全设施设计需考虑下列问题:

（1）安全缓冲区与护栏的设置应结合道路类型、断面形式、试验车速、试验汽车尺寸统筹考虑，如高速环道曲线段外侧护栏可适当加高，立柱适当加密；

（2）护栏的防撞性能、等级应符合公路交通安全设施设计相关规范规定，新技术、新材料、新工艺的使用应通过有关权威机构的试验验证。

4 施工

4.1 一般规定

4.1.1 特种道路施工前,应充分理解设计意图及使用方的要求,并对各条道路的功能及试验过程进行详细了解。

4.1.2 特种道路的路面形态在施工前应进行模拟,有条件时可应用BIM技术进行辅助。

4.1.3 特种道路路面施工前,宜施作试验段,对施工工艺和资源配备等进行验证。

4.1.4 特种道路路面种类按路面材料、施工工艺、路形和摩擦系数划分,可分为沥青混凝土特种道路、水泥混凝土特种道路、铺砌类特种道路和安装类特种道路,见表4.1.4-1～表4.1.4-4。

表4.1.4-1 沥青混凝土特种道路

道路名称	路面形状			特征描述
	平面	纵断面	横断面	
高速环道	圆曲线或缓和曲线接圆曲线组成的弧线	顶面两端为上升弧线,中间由直线连接	抛物线	盆腔式曲面
动态广场	圆形或矩形	直线	直线	大面积平整度较高的广场
多附着系数试验路	矩形	直线	直线	路面具有不同的摩擦系数
标准坡道	单个或多个矩形组合	类梯形	单条或多条直线组合	路面具有不同的坡度
噪声试验路	正方形	直线	直线	具有一定的吸声系数要求
操纵稳定性试验路	直线与小半径曲线连接而成的封闭环路	直线与竖曲线组合	直线	多种半径组合而成的封闭式道路
直线综合性能试验路	矩形	直线	直线	路面为长直线形
波形路	矩形	波形	直线	多种波形或连续规则的正弦波组合
补丁路	矩形	折线	折线	路面呈随机布置的凹凸补丁状

表 4.1.4-2　水泥混凝土特种道路

道 路 名 称	路 面 形 状			特 征 描 述
	平面	纵断面	横断面	
高速环道	圆曲线或缓和曲线接圆曲线组成的弧线	顶面两端为上升弧线,中间由直线连接	抛物线	盆腔式曲面
标准坡道	单个或多个矩形组合	类梯形	单条或多条直线组合	路面具有不同的坡度
磨光水泥混凝土路	矩形,路面平整	直线	直线	路面光滑,BPN值低于50
搓板路	矩形	顶面为锯齿状	直线	路面呈锯齿形,类似搓衣板
波形路	矩形	波形	直线	多种波形或连续规则的正弦波组合
不规则水泥混凝土路	矩形	折线	折线	路面形成不规则的高低起伏状
露石水泥混凝土路	矩形	直线	直线	路面骨料裸露
凸块路	矩形	直线折线组合或直线弧线组合	直线折线组合或直线弧线组合	路面由不同间距的矩形或圆弧形凸块组成
台阶路	矩形	折线	直线	路面由坡道、平台和不同高度的台阶组成
接缝路	矩形	台阶状或弧形	直线	路面接缝处形成一定的高差
涉水池	矩形	凹曲线	U形槽	路面可储存一定深度的水
盐溅池	矩形	凹曲线	U形槽	路面可储存一定浓度、一定深度的盐水
扭曲路	矩形	折线或弧线	折线	路面由交错分布的梯形、正弦波形或环锥形凸块组成
凹坑路	矩形	折线	折线	路面由一定间距、交错分布的矩形、梯形或圆形凹坑组成
裂缝路	矩形	折线	折线	路面由不规则裂缝和随机设置沥青补丁组成

表 4.1.4-3　铺砌类特种道路

道 路 名 称	路 面 形 状			特 征 描 述
	平面	纵断面	横断面	
玄武岩路	矩形	直线	直线	路面由摩擦系数较低的玄武岩砖铺砌而成
瓷砖路	矩形	直线	直线	路面由摩擦系数较低的瓷砖铺砌而成

续上表

道路名称	路面形状			特征描述
	平面	纵断面	横断面	
比利时路	长方形	折线	折线	路面凹凸不平,由花岗岩粗料石块铺砌而成
卵石路	长方形	折线和弧线	折线和弧线	路面由大小不同、高低不一、间距不等的卵石栽种而成
铺石路	矩形	直线	直线	路面光滑平整,由表面抛光的花岗岩料石块铺砌而成
砂石路	—	—	—	路面由砂石、砂砾或碎石铺筑而成的松散路面

表 4.1.4-4 安装类特种道路

道路名称	特征描述
减速带路	路面安装铁质或复合材料的减速带
井盖路	路面安装圆形或方形井盖
绳索路	路面安装绳索
铁饼路	路面安装圆形饼状构件
人孔路	路面安装人孔井盖
铁轨路	路面安装铁轨
路缘石路	路面安装不同高度的路缘石

4.2 施工准备

4.2.1 开工准备工作应符合下列规定:

1 特种道路路面工程开工前,应在全面理解设计要求和设计交底的基础上,进行现场调查和核对。

2 应根据设计要求、现场情况等,编制施工方案,并按管理规定的程序报批。

3 开工前,应对施工、试验、机械、管理等岗位的技术人员和各工种技术工人进行培训,未经培训的人员不得上岗操作。

4.2.2 测量准备工作应符合下列规定:

1 施工前应对控制性桩点进行现场交桩,并应在复测原控制网的基础上,根据施工需要适当加密、优化,建立施工测量控制网。

2 对测量控制点,应采取有效措施妥善保护。施工过程中,应对控制网(点)进行不定期的检测和定期复测,定期复测周期不应超过6个月,高速环道控制网(点)等特殊区域不应超过3个月,当发现控制点有问题时,应立即进行局部或全面复测。

3 特种道路的平面控制测量等级应符合四等平面控制网的规定。

4 导线测量技术要求应符合表4.2.2-1的规定。

表4.2.2-1 导线测量技术要求

等级	导线长度(km)	平均边长(km)	测角中误差(″)	测距中误差(mm)	测距相对中误差	测回数 1″级仪器	测回数 2″级仪器	方位角闭合差(″)	导线全长相对闭合差
四等	9	1.5	2.5	18	1/80 000	4	6	$5\sqrt{n}$	≤1/35 000

注:1. n 为测站数。
  2. 当测区测图的最大比例尺为1:1 000时,一、二、三级导线的导线长度、平均边长可适当放长,但最大长度不应大于表中规定相应长度的2倍。

5 同一建设项目相邻施工段内的导线应闭合,并满足同等级精度要求。

6 对可能受到施工影响的导线点,施工前应加以固定或改移,从开工到竣工验收的时间段内应确保其精度。

7 各特种道路的水准控制测量等级应符合四等水准控制网的规定。

8 水准测量主要技术要求应符合表4.2.2-2的规定。

表4.2.2-2 水准测量主要技术要求

等级	每千米高差全中误差(mm)	路线长度(km)	水准仪型号	水准尺	观测次数 与已知点联测	观测次数 附合或环线	往返较差、附合或环线闭合差 平地(mm)	往返较差、附合或环线闭合差 山地(mm)
四等	10	≤16	DS3	双面	往返各一次	往一次	$20\sqrt{L}$	$6\sqrt{n}$
			DS3	双面		往返各一次		

注:1. 结点之间或结点与高级点之间线路的长度,不应大于表中规定的0.7倍。
  2. L 为往返测段、附合或环线的水准路线长度(km);n 为测站数。
  3. 数字水准仪测量的技术要求和同等级的光学水准仪相同。

9 沿路线每500m宜有一个水准点。在结构物附近、高填深挖路段、工程量集中及地形复杂路段,宜增设临时水准点。临时水准点应符合相应等级的精度要求,并与相邻水准点闭合。

10 当水准点有可能受到施工影响时,应进行改移。

4.2.3 试验检测工作应符合下列规定:

1 特种道路路面施工前应对基层进行质量检验,基层表面应平整密实、无坑洼、无离析现象,检测各项指标应符合现行《公路路面基层施工技术细则》(JTG/T F20)的相关规定。

2 特种道路路面施工前,应按照有关规定和要求建立工地试验室,工地试验室应通过地方质量监督部门验收备案。当无条件建立工地试验室时,应委托满足工地试验检测资质的第三方检测机构对路面施工材料进行相关试验。

3 特种道路路面施工中用到的水泥混凝土、沥青混合料应根据设计要求,进行配合比设计与验证。

4 使用特殊材料时,应按相关标准作相应试验,必要时还应进行环境影响评估,经批准后方可使用。

4.2.4 机械设备准备工作应符合下列规定:

1 沥青混凝土道路施工前应将压路机、摊铺机、沥青混合料运输车、铣刨机、切缝机等设备准备就绪。

2 高速环道沥青混凝土道路施工前应将曲面摊铺机、曲面压路机、同步牵引车等设备准备就绪。曲面摊铺机组装时,应请当地特种设备检验机构对其安全性能进行检验,保障机械安全作业。

3 动态广场沥青混凝土道路施工应采用不少于两套摊铺、碾压设备,两套设备宜采用同一型号。

4 水泥混凝土路面施工前应将滑模摊铺机、三辊轴振平机、平板振捣器、抹光机、切缝机、混凝土表面拉毛机等设备准备就绪。

5 铺砌类特种道路施工前应将强制式混凝土搅拌楼、灌浆料搅拌机、压浆泵、钢筋切断机、钢筋弯曲机、电焊机、水准仪、全站仪、比利时路特殊钢架等机具设备准备就绪。

6 机械设备应提前进行检修、保养工作,使用前进行调试,使用时应处于最佳状态。

4.2.5 水泥混凝土特种道路路面原材料要求与配合比设计,除应符合现行《公路水泥混凝土路面施工技术细则》(JTG/T F30)的有关规定外,尚应符合下列要求:

1 原材料技术要求:

1)水泥:特种道路路面水泥混凝土应优先选择旋窑生产的道路硅酸盐水泥;无道路硅酸盐水泥供应时,方可选用硅酸盐水泥和普通硅酸盐水泥。

2)粗、细集料:高速环道、动态广场路面材料不得使用再生粗、细集料。

3)钢筋:特种水泥混凝土路面施工所用钢筋、钢筋网、角隅钢筋、传力杆、拉杆等的质量应符合设计要求及国家现行相关标准的规定,且不得使用锈蚀的钢筋和冷拔直径变细后的钢筋。

2 配合比设计:

1)常规水泥混凝土路面的配合比设计应符合现行《公路水泥混凝土路面施工技术细则》(JTG/T F30)技术要求。

2)高速环道的曲线段、标准坡道、坑洼路等非常规路段的水泥混凝土路面配合比设计应符合下列规定:

——设计弯拉强度标准值应不小于5.0MPa,其施工配制弯拉强度计算及参数取值应符合现行《公路水泥混凝土路面施工技术细则》(JTG/T F30)的规定。

——水泥混凝土最大水胶比、最小水泥用量应符合表4.2.5的规定。

表 4.2.5 水泥混凝土的最大水胶比、最小水泥用量

环境类别	环境条件	最大水胶比	最小水泥用量（kg/m³）	加粉煤灰最大用胶材用量（kg/m³）
Ⅰ	温暖或寒冷地区的大气环境、与无侵蚀的水或土接触的环境	0.46	300	360
Ⅱ	严寒地区的大气环境、使用除冰盐环境、滨海环境	0.43	320	380
Ⅲ	受侵蚀性物质影响的环境	0.40	340	400

注：1. 水胶比为每立方米混凝土用水量占所有胶凝材料用量的百分比。
    2. 所用水泥的强度等级应不低于42.5级；抗折强度不宜低于7.5MPa。
    3. 最小水泥用量中包括Ⅰ、Ⅱ级粉煤灰、矿粉、硅灰三种活性掺合料，且掺合料最大用量应小于30%。纯水泥用量不宜低于260kg/m³。
    4. 严寒地区为最冷月份平均气温低于或等于-10℃，且日平均温度低于或等于5℃的天数在145d以上的地区。

——特殊工作性要求：

用于高速环道弯道曲面等部位的水泥混凝土应进行专项配合比设计，应能振捣密实，又能在卸料和振捣时不滑溜和坍落。

高黏度混凝土水灰比或水胶比除应满足配制弯拉强度计算结果和表4.2.5规定外，尚应符合下列特殊要求：

a) 水灰比或水胶比应在满足配制弯拉强度、耐久性和工作性三者之中选用最小值。

b) 粗集料宜使用碎石，碎石按最大粒径不同应使用2~3级配，可使用小碎石较多、大碎石较少的倒装级配。

c) 除使用高性能减水剂或高效减水剂而外，高黏度水泥混凝土中可掺加引气剂或纤维素醚等增稠剂，其掺加剂量应经过试验确定。

4.2.6 沥青混凝土特种道路路面原材料与配合比：

1 沥青、粗集料、细集料和矿粉等应符合设计要求和现行《公路沥青路面施工技术规范》(JTG F40)中的相关规定。

2 沥青混合料的各项要求应符合现行《公路沥青路面施工技术规范》(JTG F40)的规定。

3 用于曲面摊铺的沥青混凝土应进行专门配合比设计，确保其性能满足曲面摊铺的质量要求。

4.3 特种道路路基施工

4.3.1 特种道路路基施工应符合下列规定：

1 特种道路路基施工应符合表3.1.5的规定。

2 特种道路路基排水施工应符合现行《公路路基施工技术规范》(JTG F10)的有关规定。

3 特种道路路基施工应与工程影响范围内的永久性排水系统相协调，做好施工期排

水总体规划和建设。

4 特种道路路基中,高速环道曲线段路基和动态广场路基的施工要求应分别符合本规程第4.3.3条和4.3.4条的相关规定。

5 特种道路路基面积较大、填方较高时,除满足设计的地基处理要求外,尚应采用强夯进行地基处理。

4.3.2 特种道路路基施工准备应符合下列规定:

1 施工技术人员详细审核图纸和设计文件,熟悉施工技术规范,编制路基施工方案。

2 测量应配备水准仪、全站仪等设备。

3 路基施工应配备推土机、平地机、拌和机、压路机、挖掘机、装载机、自卸车、洒水车、路障、警戒线等设备。

4 除满足设计要求外,路基填筑材料应符合现行《公路路基施工技术规范》(JTG F10)中的相关规定。

4.3.3 高速环道曲面路基施工应符合下列规定:

1 高速环道曲面路基施工工艺流程应按图4.3.3的顺序进行。

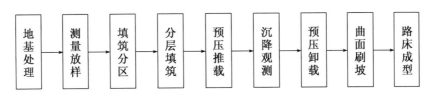

图4.3.3 曲面路基施工工艺流程

2 高速环道曲面地基处理应满足设计要求及现行《公路路基施工技术规范》(JTG F10)中的相关规定。

3 高速环道曲面路基同一水平填筑层分为多种材料时,应采用三维坐标放样,每个横断面应放出不同材料的两侧边线,两侧边线控制填筑范围。

4 曲面路基填筑时,应水平分层填筑。曲面路基纵断面及横断面均应填筑成梯形,路基超宽填筑宽度应满足设计要求并不小于0.5m,曲面通过机械或人工刷坡而成。

5 曲面路基填筑处于软土地基施工段时,其填筑控制指标应符合本规程第4.3.5条的相关规定。

6 曲面路基压实度应满足设计要求。

7 曲面路堤、路床及结构层厚度均应为法向厚度。

8 曲面路基填筑完成后,应根据设计要求进行堆载预压和沉降观测,原地表土质不良及填挖方交接处应增加沉降观测点位。

9 高速环道曲面路基应进行粗刷坡与精刷坡,粗刷坡高程精度为50~100mm,精刷坡高程精度为±20mm,刷坡时应采用测量仪器,在横断面上每10m设置5个点跟踪测量。

10 为避免路基超欠挖,可采用3D数字化施工控制系统的挖掘机刷坡,形成精确的设计外形。

11 曲面路基刷坡成型后,应将表面浮土清扫干净并覆盖,防止开裂,避免雨水冲刷。

4.3.4 动态广场路基施工应符合下列规定:

1 动态广场路基施工工艺流程应按图4.3.4的顺序进行。

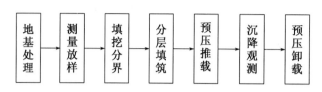

图4.3.4 动态广场路基施工工艺流程

2 填挖交接处应按设计要求进行界面处理和土工格栅的铺设。

3 动态广场路基采用石灰土填筑时,宜采用厂拌法进行施工。当采用厂拌法施工时,应符合现行《公路路面基层施工技术规范》(JTG F10)的相关规定。

4 动态广场路基压实度应满足设计要求,设计无明确要求时,应符合现行《公路路基施工技术规范》(JTG F10)中"高速公路、一级公路"的等级要求。

5 动态广场路基填筑处于软土地基施工段时,其填筑控制指标应符合本规程第4.3.5条的相关规定。

6 动态广场路基填筑完成后,应根据设计要求进行堆载预压和沉降观测,原地表土质不良及填挖方交接处应增加沉降观测点位。

4.3.5 特种道路路基沉降观测应符合下列规定:

1 特种道路路基沉降观测技术要求应符合现行《公路路基施工技术规范》(JTG F10)中的相关规定。

2 软(弱)土地基处理要求应符合现行《公路软土地基路堤设计与施工技术细则》(JTG/T D31-02)中的相关规定。

3 填方路基施工应符合下列规定:

1)不良地质条件及其他填方路段应严格按照设计要求进行预压土堆载施工。

2)分层填筑控制指标:

——路堤中心线地面沉降速率应不大于10~15mm/d;

——路堤坡脚线地面水平位移应不大于5mm/d。

3)路基预压时间不宜小于6个月。

4)预压土卸载指标:路堤连续2个月,月沉降量应小于或等于2mm,或应符合设计要求。

条文说明

高速环道、标准坡道、动态广场等道路的路基施工完成之后需要堆载预压,预压期通常情况是6个月。如未达到预压稳定沉降量要求,则延长预压时间,直到满足要求。如提前达到预压稳定沉降量要求,经建设、设计、监理、施工四方或邀请专家论证,满足卸载要求,方可卸载预压土。

4.4 沥青混凝土特种道路路面施工

4.4.1 沥青混凝土特种道路路面施工应符合下列规定:

1 特种道路沥青混凝土施工应符合现行《公路沥青路面施工技术规范》(JTG F40)中的相关规定。

2 特种道路路面正式施工前应进行试验段施工,确定机械组合方式、碾压遍数、松铺系数、摊铺速度、碾压速度等工艺参数。

3 特种道路路面正式施工前应审核图纸和设计文件,熟悉施工技术规范,编制沥青特种道路路面施工方案。

4 特种道路路面正式施工前应校核并计算平面及高程控制,用于控制平面及高程的桩间距具有变化性,不规则路面在路面造型变化处设置平面及高程控制桩。规则波浪路面采用具有一定刚度、强度的侧模进行平面及高程控制。

5 原材料各项指标应符合现行《公路沥青路面施工技术规范》(JTG F40)中有关原材料的规定执行。

6 施工配合比设计应满足工作性、耐久性和经济性的要求。

4.4.2 高速环道曲面沥青混凝土路面施工应符合下列规定:

1 高速环道曲面沥青混凝土路面施工工艺流程应按图4.4.2的顺序进行。

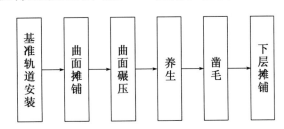

图4.4.2 高速环道曲面沥青混凝土路面施工工艺流程

2 曲面基层:

1)曲面基层摊铺前应安装基准轨道,以控制曲面线形及高程。轨道平面坐标及高程安装精度允许偏差为±1mm。

2)曲面基层摊铺前必须验算堤顶路上的拖拽设备提供的牵引力是否能满足曲面上施工作业设备的正常工作。

3)堤顶路与硬路肩基层摊铺、养护完成后,方可进行曲面基层摊铺。

4)曲面基层摊铺应采用曲面摊铺机进行摊铺施工,摊铺过程应缓慢、均匀、连续不间断,不得随意变换速度或停顿,基层摊铺速度宜控制在0.4~0.5m/min。

5)曲面摊铺时宜连续摊铺,摊铺过程中应确保混合料不产生离析,必要时设置可移动的储料仓,确保摊铺的连续进行。

6）曲面基层碾压应采用不同曲率的曲形钢轮压路机碾压成型，可采用轮胎压路机拉拽曲形钢轮压路机进行碾压施工，碾压速度不应超过1km/h，碾压方式与碾压遍数应确保曲面基层压实度、三维线形符合设计要求。碾压完成后，碾压面应无明显轮迹。

7）曲面基层碾压完成后，应立即进行覆盖保水养生，基层的养生期不得少于7d。曲面基层养生期间，不允许任何汽车在曲面行走。

3 曲面面层：

1）曲面面层施工时，除面层沥青的特殊材料要求，其他方法可参照曲面基层施工技术要求。

2）曲面面层摊铺前应检查基准轨道平面坐标及高程安装精度，允许偏差±1mm。

3）为防止沥青层在曲面陡坡处滑移，宜对曲面基层、下面层、中面层陡坡段进行凿毛处理，凿毛宽度自坡顶向下宜为2～4m，凿毛深度不宜小于8mm。

4）曲面面层摊铺施工时应避免横缝的产生，可将横缝位置预留至平面段。

5）曲面面层应先进行试铺筑段施工，以确定曲面沥青混合料虚铺系数。摊铺施工时，曲面起点与终点均应向直线段顺接3m调整摊铺。

4 分幅摊铺曲面面层：

1）应将沥青混合料倒入混合料传输机料斗中，通过传送带传输至摊铺机摊铺。

2）曲面面层应一次摊铺，不设横向接缝，纵向接缝设置在各车道相接处。

3）摊铺、碾压顺序应为由低速车道至高速车道。

4）纵向接缝应线形平顺，高程和平整度等指标应满足要求。

条文说明

高速环道曲线位置的横断方向是盆腔式曲面，曲面线形一般采用抛物线。普通钢筒式压路机的钢轮碾压出的形状是平面的，与曲面线形不一致。根据各个试验场高速环道断面曲率，至少应定做2种以上的专门对应该断面线性曲率的钢筒式压路机。

4.4.3 动态广场沥青路面施工应符合下列规定：

1 动态广场沥青路面施工工艺流程应按图4.4.3的顺序进行。

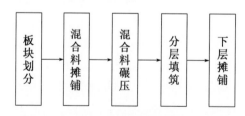

图4.4.3 动态广场沥青路面施工工艺流程

2 摊铺施工前应进行板块划分，明确摊铺路线，摊铺路线宜为直线。当出现转角及弧线时，应将弧线调整至摊铺路线最外侧，且弧线最小半径不得小于100m。

3 摊铺施工必须接缝紧密、连接平顺，不得产生明显的接缝离析。上、下层的纵缝应错开150mm（热接缝）以上或300～400mm（冷接缝）。相邻两幅及上、下层的横向接缝均应错位 1m 以上。

4 摊铺施工时应严格控制摊铺高程和平整度,高程不应超过 ±3mm,平整度不应大于 3mm,合格率不应低于 90%。

5 碾压施工时,应使用 4m 直尺检测路面平整度并及时调整控制。

6 冷接缝施工:

1)沥青摊铺施工宜避免冷接缝。当出现冷接缝时,宜采用边模支挡,确保接缝整齐。边模应牢固不变形。

2)当沥青冷接缝平整度不符合要求时,应予以切除,切缝应顺直,并与摊铺方向平行。

3)切缝完成后,应将切缝处清扫干净,并在切缝断面涂抹黏层沥青。

4)摊铺施工时,可采取冷接缝加热措施,使冷接缝变为热接缝,达到接缝连接紧密。

7 沥青摊铺产生热接缝时,应采用梯队的方式进行摊铺,并将已铺部分留下 50~100mm 暂不碾压,作为后续部分的基准面,然后作跨缝碾压以消除缝迹。

4.4.4 多附着系数试验路施工应符合下列规定:

1 沥青混凝土配合比设计除应符合现行《公路沥青路面施工技术规范》(JTG F40)的有关规定外,其摩擦系数尚应符合设计要求。

2 多附着系数试验路面层正式施工前应铺筑试验段,试验段应在其他路段铺设。当试验段面层摩擦系数、构造深度等指标满足设计要求时方可正式施工。

3 多附着系数试验路面层摊铺时,沥青混合料不得出现离析现象。

4 多附着系数试验路面层摊铺时,不宜采用胶轮碾压。

5 面层摊铺施工时,应连续摊铺,不得出现横接缝。

条文说明

多附着系数试验路最关键的检测指标为路面铺筑完成的摩擦系数,试验段施工存在摩擦系数不满足设计要求的情况,摊铺试验段时应在试验场非测试区如进场道路、连接道路等道路进行作业,避免直接在多附着系数试验路施作试验段不合格造成测试数据不准确的情况发生。

4.4.5 标准坡道施工应符合下列规定:

1 用于标准坡道的沥青混合料应进行专项配合比设计,在坡面上的施工性能应符合设计要求。技术要求应符合现行《公路沥青路面施工技术规范》(JTG F40)中的有关规定。

2 标准坡道沥青混凝土的摊铺宜采用机械摊铺,当地形限制不宜使用机械摊铺时,可采用人工摊铺。人工摊铺时的平整度用 3m 直尺检测,平整度不得大于 4mm。

3 标准坡道沥青混凝土碾压时应先用轻型压路机从低处向高处初压,不得使用轮胎压路机进行预压。压路机的从动轮应始终朝向摊铺方向。

4 采用振动压路机碾压时,应先静压、后振压,应低振幅高频率压实。

5 陡坡碾压时,压路机起动、停止、变速应平稳,摊铺速度宜控制在1.0~1.5m/min,碾压时混合料温度不宜过高,以混合料不产生推移、裂缝为宜。

4.4.6 噪声试验路施工应符合下列规定:

1 噪声试验路沥青混凝土所用的原材料除应符合现行《公路沥青路面施工技术规范》(JTG F40)的有关规定外,尚应符合表4.4.6、图4.4.6的规定。

表4.4.6 噪声试验路路面的原材料质量标准

项 目	目 标 值		规定值或允许偏差
	按混合料总质量计	按石子质量计	
石子质量[正方筛孔尺寸(SM)>2mm](%)	47.6	50.5	±5
砂质量(0.063mm<SM<2mm)(%)	38	40.2	±5
填料质量(SM<0.063mm)(%)	8.8	9.3	±2
沥青质量(%)	5.8	—	±0.5
最大石子尺寸(mm)	8		6.3~10
沥青针入度(mm)	40~60		
石料磨光值(PSV)	>50		
压实度,相对于马歇尔压实度(%)	98		

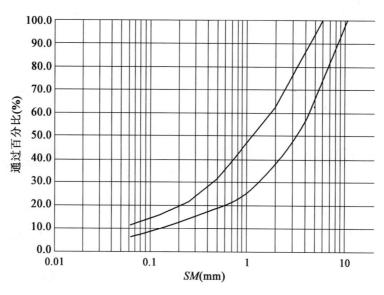

图4.4.6 筛分曲线

2 噪声试验路面层铺筑的技术要求除应符合现行《声学—测量道路汽车及汽车轮胎噪声排放的试验车道规范》(ISO 10844)中的有关规定外,尚应符合下列规定:

1)摊铺机的自动找平系统宜采用非接触式平衡梁。

2)检测区施工,应采用质量为8~10t同一型号的钢轮压路机,成对布置,并且禁止使用胶轮压路机。

  3）检测区施工，压路机碾压速度宜控制在 2~3km/h，第一遍采用静压，第二遍开始振动碾压，振动频率和振幅宜分别采用 50Hz 和 0.3mm。

  4）检测区施工应一次完成，不得出现冷接缝。

4.4.7 操纵稳定性试验路施工应符合下列规定：

沥青混凝土面层施工除应符合现行《公路沥青路面施工技术规范》（JTG F40）的有关规定外，尚应符合下列规定：

1 沥青摊铺前，应完成摊铺板块划分，减少冷接缝。

2 冷接缝应设置在直线段。

3 沥青摊铺宜采用机械摊铺，当地形限制不宜使用机械摊铺时，可采用人工摊铺，人工摊铺时的平整度用 3m 直尺检测，平整度不得大于 4mm。

条文说明

  操纵稳定性试验路分为干操纵稳定性试验路和湿操纵稳定性试验路。干操纵稳定性试验路应为设置多种转弯半径的沥青混凝土道路，弯道部分应设置缓冲区。由于试验车速较快，对路面的摩擦系数和平整度要求较高。

  湿操纵稳定性试验路类似于干操纵稳定性试验路设置多种转弯半径，路面边缘设置供水、喷水装置，试验时测试路面上应有均匀水膜层。

4.4.8 直线综合性能试验路直线段施工应一次完成，不应出现施工横向接缝。

4.4.9 波形路施工应符合下列规定：

1 已成型的下承层严禁汽车和机械通行。

2 摊铺应一次完成，中途不得停顿。

3 摊铺机摊铺速度应控制在 1~1.5m/min。

4 压路机碾压速度不宜超过 1.5km/h，严禁振动碾压。

5 压路机碾压应由横坡的低处向高处碾压，起停应缓慢。

6 路面碾压时，严禁使用胶轮压路机。

条文说明

  波形路是使用沥青混凝土摊铺而成的，表面具有一定不规则起伏或规则波浪的沥青混凝土路面。波形面摊铺时，沥青混合料运输车不得行走在已成型下承层，避免运输汽车破坏下承层造型，混合料应使用沥青转运设备供料。

4.4.10 补丁路施工应符合下列规定：

1 路面应形成设计要求的补丁状。

2 补丁应牢固、稳定、不透水。
3 补丁可采用预成型或后成型施工。

条文说明

补丁一般采用预成型和后成型方法进行施工。预成型施工为沥青面层摊铺后随机布置不规则模块，然后进行碾压，碾压完成后移除不规则模块。后成型施工为沥青路面施工完成后，先标记出补丁位置和形状，然后安装符合设计要求的沥青补丁。

4.5 水泥混凝土特种道路路面施工

4.5.1 水泥混凝土特种道路施工应符合下列规定：

1 水泥混凝土特种道路施工应符合现行《公路水泥混凝土施工技术细则》(JTG/T F30)中的相关要求。

2 水泥混凝土特种道路正式施工前应仔细审核图纸和设计文件，熟悉施工技术规范，编制混凝土路面施工方案。

3 水泥混凝土特种道路正式施工前应计算并校核平面及高程控制桩，桩间距为5m。

4 原材料：

水泥、石子、砂、外加剂、钢筋、角钢等大宗材料应按施工进度要求，在有一定储量的情况下，确保正常施工供应。并由试验人员按规范规定的标准进行检验，确保原材料质量符合设计标准要求。

5 配合比设计：

1)要满足混凝土抗压强度、抗渗、工作性、耐久性和经济性的要求，施工配合比应根据天气、季节及运距等变化，应做坍落度随时间、温度损失的试验，最终确定拌和坍落度。

2)用于高速环道弯道曲面等部位的水泥混凝土应进行专门的高黏度配合比设计，应能振捣密实，又能在卸料和振捣时不滑溜和坍落。

3)高黏度混凝土水灰比或水胶比除应满足配制弯拉强度计算结果和表4.2.5的规定外，尚应符合下列特殊要求：

——水胶比或水灰比应更小，并应在满足配制弯拉强度、耐久性和工作性三者之中选用最小值。

——砂的细度模数可降低到2.0~2.5mm(偏细中砂)，中砂与粗砂中，小于0.3mm的细颗粒含量应不少于30%。

——砂率可适当增大，在确保混凝土早期不开裂的基础上，砂率可使用36%~42%。

——可在常规路面水泥混凝土掺和料基础上，将掺量提高10%~15%，亦可复配并加大掺量，使用二种或三种掺和料。

——粗集料应使用碎石，不得使用砾石或卵石。碎石按最大粒径不同应使用2~3级配,可使用小碎石较多、大碎石较少的倒装级配。

——除使用高性能减水剂或高效减水剂而外,高黏度水泥混凝土中可掺加引气剂或纤维素醚等增稠剂,其掺加剂量应经过试验确定。

4)振动黏度系数的实测检验:

检验方法应按照现行《公路水泥混凝土路面施工技术细则》(JTG/T F30)附录 A 进行。按照高速环道曲面横向坡度,陡坡道、陡坎等纵向坡度的不同,实测振动黏度系数与坍落度应满足表4.5.1的要求。

表 4.5.1 高黏度水泥混凝土的实测振动黏度系数与坍落度要求

高速环道曲面横向坡度,陡坡道、陡坎等纵向坡度	10%~20%	20%~40%	40%~60%	>60%
摊铺时实测振动黏度系数(Ns/m²)	100~200	200~300	300~400	400~600
摊铺时实测坍落度(mm)	30~50	20~30	15~20	5~15

注:室内试验时,应同时检测坍落度与振动黏度系数;现场施工时,可仅检测坍落度进行工作性控制。

6 特种道路混凝土浇筑完成后,应在混凝土终凝后及时覆盖养护,养护期28d,养护期内应封闭交通。

7 模板材质应符合设计要求,模板刚度、强度、平整度应满足施工需求。

4.5.2 高速环道水泥混凝土曲面施工应符合下列规定:

1 高速环道水泥混凝土曲面施工工艺流程应按图4.5.2-1的顺序进行。

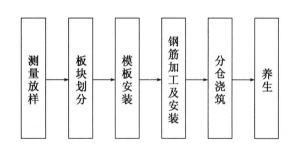

图 4.5.2-1 高速环道水泥混凝土曲面施工工艺流程

2 浇筑前,应按设计图纸准确放样,标示出曲面板块接缝位置。

3 曲面伸缩缝应20m设置一处,最长距离不得超过25m,伸缩缝宽度不应小于2cm。

4 钢筋加工及安装:

1)钢筋加工及安装应符合设计要求及现行《公路桥涵施工技术规范》(JTG/T F50)的规定。

2)横向弧形钢筋的加工应符合设计线形。

3)设置双层钢筋时,应严格控制钢筋保护层厚度,钢筋混凝土面层应采用钢筋网铺设安装。

4)钢筋安装位置允许偏差应符合表4.5.2的规定。

表4.5.2 钢筋安装位置允许偏差

项　目		允许偏差(mm)
纵、横向钢筋间距	绑扎钢筋网	±20
	焊接钢筋网	±10
钢筋保护层		±3

5 模板安装：

1）高速环道混凝土曲面模板应由弧形端模、纵向侧模组成。

2）模板的强度、刚度应满足施工要求，确保施工时不产生变形。

3）模板安装前应进行测量放样，并核对曲面高程、曲面坐标、板块划分和胀缝位置。

4）板块划分可参照图4.5.2-2，每板块宽度不宜超过2m，长度不宜超过3m。

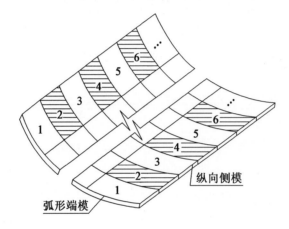

图4.5.2-2 板块划分示意图

5）模板安装时不得在基层上挖槽，嵌入安装模板。

6）模板应固定牢固，在施工中不得出现推移、变形等现象。

6 混凝土浇筑：

1）曲面混凝土坍落度应能满足表4.5.1的对应要求。

2）曲面混凝土应采用跳仓法进行浇筑，可参照图4.5.2-2进行板块划分，奇数板块和偶数板块分开浇筑。

3）曲面混凝土施工应从低处向高处进行，当低处曲面板块整体施工完成后方可进行高处曲面板块施工。

4）混凝土应振捣密实，严禁用振捣棒触碰钢筋、拖动带料。

4.5.3 标准坡道施工应符合下列规定：

1 水泥混凝土路面施工应符合现行《公路水泥混凝土路面施工技术细则》(JTG/T F30)的有关规定。

2 标准坡道水泥混凝土施工，当坡度大于30%浇筑时，表面应设置盖模板。

3 标准坡道混凝土振捣时，在确保密实条件下，可采用低功率振捣设备。

4 混凝土初凝后，其表面应进行拉毛方式制作微观抗滑纹理。

4.5.4 磨光水泥混凝土路施工应符合下列规定：

1 磨光水泥混凝土路面施工工艺流程应按图4.5.4的顺序进行。

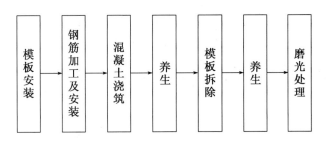

图4.5.4 磨光水泥混凝土路面施工工艺流程

2 模板的刚度、强度应满足施工要求。

3 水泥混凝土浇筑完成以后，应采用水准仪复核顶面高程，顶面高程应整体高于设计路面高程3~5mm，预留磨光处理厚度。

4 待混凝土强度达到设计强度的75%以后，方可进行磨光处理，直到面层磨光摩擦系数符合设计要求。

5 打磨应均匀，表面平整无台阶。

6 施工中，冷却水不得间断，用水量宜调至作业面不干燥。

4.5.5 搓板路施工应符合下列规定：

1 搓板路路面施工工艺流程应按图4.5.5的顺序进行。

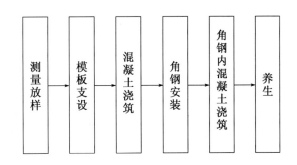

图4.5.5 搓板路路面施工工艺流程

2 角钢安装应垂直于道路中线，角钢上表面应与模板顶面一致，角钢安装应位置准确、牢固、不变形。

3 水泥混凝土浇筑应按照模板表面起伏施工。

4 水泥混凝土找平时，找平设备应垂直于边模。

5 应在初凝前完成收面，路面表面造型应满足设计要求。

条文说明

搓板路路面是由水泥混凝土现浇或预制而成，具有锯齿形表面的水泥混凝土路面。预制施工技术要求可参照瓷砖路面预制施工技术要求执行。

4.5.6 波形路施工应符合下列规定：
1 波形路混凝土施工宜采用模板塑形法。
2 模板顶面应与设计一致，呈波形状，顶面误差不得大于2mm。
3 模板安装完成后，应复核其平面、纵断面位置，偏差不大于2mm。
4 波形成型工具表面的平整度不得大于1mm。
5 模板应支撑牢固、线形直顺、接缝紧密，不应有明显错台。安装应牢固、不变形。

4.5.7 不规则水泥混凝土路施工应符合下列规定：
1 水泥混凝土浇筑应按照模板表面起伏施工。
2 水泥混凝土找平时，找平设备应垂直于边模。
3 应在初凝前完成收面，路面表面造型应满足设计要求。
4 当按照路谱施工时，应严格按照设计要求控制高程，误差不得大于2mm。
5 控制点位之间混凝土连接应顺适。

条文说明

不规则水泥混凝土路分两类，一类是采用不规则边模控制路面表面高度的水泥混凝土路面；另一类是按照路谱控制路面表面高度的水泥混凝土路面。采用边模施工时，找平设备应与道路中线垂直；采用路谱施工时，特征点之间混凝土面层应顺适。

4.5.8 露石水泥混凝土路施工应符合下列规定：
1 露石混凝土路面施工工艺流程应按图4.5.8的顺序进行。

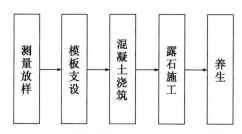

图4.5.8 露石混凝土路面施工工艺流程

2 露石水泥混凝土路面石料要求：
1）粗集料露石的特殊质量要求应符合表4.5.8-1的规定。

表4.5.8-1 粗集料露石的特殊质量要求

力学指标	要 求 值
集料磨光值（PSV）不小于	45
集料压碎值（%）不大于	20
洛杉矶磨耗率（%）不大于	20
针片状含量（%）不大于	5
粗集料最大纵横比	1.5

2）露石混凝土细集料的级配范围应符合表 4.5.8-2 的要求。

表 4.5.8-2 细集料的级配要求

粒度	方孔筛尺寸(mm)					
	0.15	0.30	0.60	1.18	2.36	4.75
	累积筛余(以质量计)(%)					
中砂	90~100	70~92	41~70	10~50	0~5	0~2

3）露石剂相关技术性能指标应符合表 4.5.8-3 要求。

表 4.5.8-3 露石剂技术性能指标

固体含量(%)	细度(μm)	黏度(s)	密度(g/cm³)	pH 值	颜色	容器中存放状态
12	<70	35~50	>1	8	淡蓝	经搅拌,无结块,沉淀

3 露石水泥混凝土施工：

1）露石水泥混凝土施工方法分为粗集料混凝土浇筑法和植石法。
2）石料表面应清洁。
3）喷洒露石剂时的黏度宜为 33~40s。
4）露石剂的喷洒量宜控制在 300g/m²。
5）喷洒时间应从水泥混凝土抹面后开始,终凝前完成。
6）喷洒时,气温宜为 20~25℃。
7）露石剂应呈雾状均匀喷洒在新铺筑的混凝土表面上,且不产生流淌。
8）露石剂喷洒养生后,应清除混凝土表面的砂浆,表面不得有浮浆。
9）石料裸露高度应符合设计要求。
10）刷洗时间可采用试冲法确定。

条文说明

露石水泥混凝土路分两类,一类是采用粗集料混凝土路面浇筑完成后冲洗表层水泥浆,露出石子形成露石水泥路；另一类是混凝土路面浇筑完成后在其顶面种植石子,然后冲洗表层水泥浆,形成露石水泥路。种植石子应清洁,种植数量应满足设计要求。露石混凝土施工时,应控制冲刷开始时间和冲刷时间,避免冲刷过度产生坑洼。

4.5.9 凸块路施工应符合下列规定：

1 振动块位置及尺寸应符合设计要求,误差不得大于 2mm。
2 振动块混凝土浇筑厚度不得小于 100mm。
3 振动块高度应符合设计要求,误差不得大于 2mm。
4 振动块表面应平整。
5 凸块路路面不得出现裂缝。

4.5.10 台阶路施工应符合下列规定：

1 台阶路施工工艺流程应按图4.5.9的顺序进行。

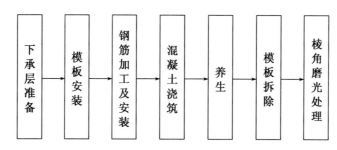

图4.5.9 台阶路施工工艺流程

2 台阶棱角打磨应在混凝土达到设计强度75%以上时进行。
3 打磨过程中,不得出现磨面缺边、掉角等破坏周边结构的现象。
4 打磨完成后,表面应圆滑,横向应顺直,弧面尺寸应满足设计要求。
5 台阶的高度、宽度、长度应符合设计要求。

4.5.11 接缝路施工应符合下列规定:
1 接缝路施工工艺流程应按图4.5.11的顺序进行。

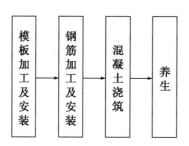

图4.5.11 接缝路施工工艺流程

2 接缝路施工:
1)混凝土浇筑应按照设计要求进行分块浇筑,接缝尺寸应符合设计要求。
2)路面缩缝应在混凝土浇筑24h内完成切割。

4.5.12 涉水池施工应符合下列规定:
1 涉水池池底应平整,进入和驶出路段坡度应符合设计要求。
2 混凝土抗渗等级应满足设计要求。
3 止水带安装应符合国家和行业现行有关标准的规定。
4 涉水池底板、侧墙接缝处理应满足设计要求。
5 涉水池给排水预埋件应安装牢固、位置准确,误差不大于10mm。
6 涉水池的底板可利用其结构特点进行蓄水养护,养护期不少于7d。

4.5.13 盐溅池施工应符合下列规定:
1 钢筋应按照设计要求进行防腐蚀处理。
2 其他要求应满足本规程第4.5.11条的规定。

4.5.14 扭曲路施工应符合下列规定：
 1 模板顶面呈与设计一致的形状，顶面误差不得大于2mm。
 2 模板安装完成后，应复核其平面、纵断面位置，偏差不大于2mm。
 3 成型工具表面的平整度不得大于1mm。
 4 模板应支撑牢固、线形直顺、接缝紧密，不应有明显错台。安装应牢固、不变形。

4.5.15 凹坑路施工应符合下列规定：
 1 凹坑平面位置误差不应大于5mm，尺寸误差不应大于2mm。
 2 凹坑模板应安装牢固、不变形。
 3 凹坑边缘顶面应与路面齐平，误差不得大于2mm。
 4 凹坑周边的混凝土应加强振捣以达到密实状态。

4.5.16 裂缝路施工应符合下列规定：
 1 裂缝路施工工艺流程应按图4.5.16的顺序进行。

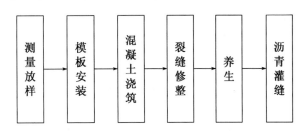

图4.5.16 裂缝路施工工艺流程

 2 水泥混凝土裂缝施工
 1）水泥混凝土路面拉毛完成后，按照设计要求，准确放样裂缝位置，误差不得大于5mm。
 2）水泥混凝土终凝前应按照裂缝位置的设计深度施工，深度和宽度误差不得大于5mm。
 3）沥青灌缝施工前裂缝应清理干净。
 4）沥青灌缝宜采用灌缝枪进行施工。

条文说明
 裂缝路面应采用水泥混凝土路面，先铺设水泥混凝土路面面层，并进行平整，并按照板块划分，然后在水泥混凝土路面上进行裂缝特征成形，之后进行沥青灌缝施工。

4.6 铺砌类特种道路路面施工

4.6.1 铺砌类特种道路施工应符合下列规定：
 1 铺砌类特种道路正式施工前应认真审核图纸和设计文件，熟悉施工技术规范，编制施工技术方案,并校核、计算平面及高程控制桩,桩间距直线段为10m、缓和曲线和圆曲线段为5m。

2 水泥、石子、砂、外加剂、灌浆料、钢筋等大宗材料应按施工进度要求,在有一定储量的情况下,确保正常施工供应。并由试验人员按规范规定的标准进行检验,确保原材料质量符合设计标准要求。

3 铺砌类特种道路路面施工完成后,宜封闭交通,因施工需要不宜封闭交通时,应在7d后方可通行轴重不超过10t的施工汽车,汽车行驶车速不得超过5km/h,黏结材料强度达到100%后可开放交通。

4.6.2 玄武岩/瓷砖路施工应符合下列规定:
1 普通铺贴、砌筑

1)玄武岩/瓷砖路路面应具有不同摩擦系数的特种道路路面。摩擦系数参数应符合表4.6.2-1的要求。

表4.6.2-1 摩擦系数参数

序 号	路 面 材 料	摩擦系数 μ
1	玄武岩	0.2~0.4
2	特制瓷砖	0.1~0.3

2)玄武岩/瓷砖平面尺寸边长误差不得超过±1mm,形状对称,侧边与混凝土基层垂直,应采用标定的直尺纵横两个方向检测其顶面平整度,顶面平整度要求误差应满足设计要求,设计无明确要求时,平整度误差不应超过±1.5mm。所用玄武岩/瓷砖应表面平整,无纹理和色差,莫氏硬度、吸水率、抗压强度、耐磨损性等技术指标应满足设计技术要求。

3)黏结层材料技术指标应满足设计要求,当黏结层材料为聚合物水泥砂浆时,砂浆28d抗压强度不得低于50MPa、抗折强度不得低于9MPa、黏结强度不得低于2MPa。

4)接缝材料宜采用聚氨酯类或硅酮类常温施工式填缝材料,填缝材料质量应符合现行《公路水泥混凝土路面施工技术细则》(JTG/T F30)的有关规定。

5)基层强度应满足设计要求。

6)铺贴面层时,应双向挂线铺贴,两侧应设置约束基石控制顶面高程,应采用铝合金靠尺双向跟进检测面层平整度,并调整纵横向的平整度不得超过2mm。

7)铺贴后应在12h内完成灌缝施工。当采用铸石面层时,灌缝的深度、表面形状应与铸石表面的凹槽基本一致,确保热胀冷缩影响灌缝材料不凸起至铺贴面以上。灌缝材料应满足设计要求。

2 直线形玄武岩/瓷砖路预制施工

1)施工方法:

宜采用倒扣法进行分块预制,预制板尺寸应符合设计要求,当设计无明确要求时,预制板最小边长不宜小于1.5m,面积不宜大于5m²。

2)直线形玄武岩/瓷砖路预制成型安装施工工艺流程应按图4.6.2-1的顺序进行。

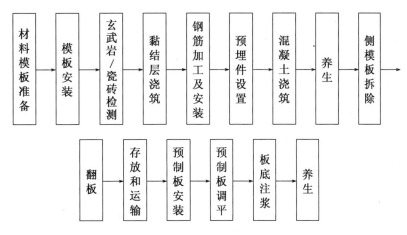

图 4.6.2-1 预制成型安装施工工艺流程

3）预制台座应有足够的强度、刚度及稳定性并应满足施工要求，台座顶面应水平，预制期间台座不得产生沉降、变形，其顶面平整度不得大于1mm。

4）侧模应采用钢模板，模板刚度、强度应满足要求，安装时应与底模垂直；模板安装完成，四边尺寸误差不得大于1mm，两对角线误差不得大于1mm。

5）铺砌时玄武岩/瓷砖应按设计要求倒扣铺设整齐，预制板砖与砖之间填充的柔性材料应挤压均匀密实，避免漏浆。

6）黏结层应采用聚合物砂浆或按设计要求的材料进行浇筑，将黏结层材料均匀浇筑到倒扣的玄武岩砖/瓷砖上，厚度允许偏差1mm，黏结层表面应采用刮平机具刮平并适度拉毛。

7）钢筋网宜在钢筋场集中加工制作，现场安装时黏结层材料不得被破坏。

8）预埋件应安装牢固、封堵严密、防止进浆、定位精确。

9）混凝土浇筑时黏结层不得被破坏且在失去黏结力之前完成，当采用聚合物水泥砂浆时，应在聚合物水泥砂浆施工完成后12h之内完成混凝土浇筑。混凝土浇筑时振捣棒不得触碰板内预埋件，防止预埋件位置发生变化。预制块混凝土达到设计抗折强度的70%以后，方可进行拆模和板块的翻转。

10）预制板存放应摆放整齐，高度不宜超过1.2m，板块之间采用非刚性垫块支撑。运输应在预制件达到设计强度的100%后进行，运输过程中应防止预制板损坏，施工现场严禁以直接拖拉方式代替运输汽车。

11）预制板质量标准要求应符合表4.6.2-2的规定。

表 4.6.2-2 预制板质量标准

项　　次	技 术 要 求	规定值或允许偏差
1	混凝土强度（MPa）	在合格标准内
2	边长（mm）	±1
3	两对角线差（mm）	2
4	厚度（mm）	2
5	表面平整度（mm）	1.5

12）预制板安装时，基层应清扫干净，应使用高精度水准仪（DS1级别及以上）监测高程，并采用标定的3m直尺检测平整度，板块逐个调平。

13）板底注浆应采用压浆机注浆，注浆作业段四周预制板与混凝土基层的空隙应采用密封材料封堵密实不漏浆。

14）压注浆液应由低至高进行，直到每个注浆孔内浆液顶面高于预制板底且高处注浆孔冒浆为止，每个注浆作业段应一次完成，确保注浆密实、不留空洞。

3 环形玄武岩/瓷砖路安装施工

1）施工方法参照本规程第4.6.2条第2款相关施工技术要求。

2）环形玄武岩/瓷砖路预制成型安装施工工艺流程应按图4.6.2-2的顺序进行。

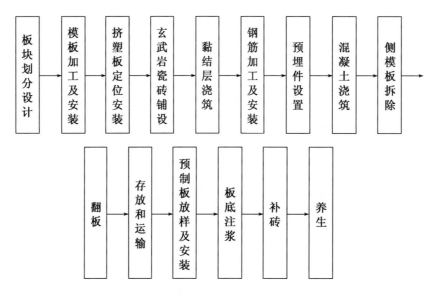

图4.6.2-2 预制成型安装施工工艺流程

3）板块划分中心处缝宽应满足图纸要求。

4）模板必须具有足够的强度、刚度和稳定度，能承受施工时各项施工荷载，变形应在允许范围内，模板表面要求平整、光洁，拼缝密合不漏浆；安装完成后应对模板弧长、弦长、矢矩等采用精度不低于1mm的仪器进行检校，符合板块划分设计尺寸要求。

5）挤塑板应具有一定的强度，施工中不应发生压缩变形，挤塑板定位依据板块划分设计进行标注，标注精度不得低于1mm，挤塑板应定位精确、安装稳固，内部玄武岩/瓷砖铸铺设间距应满足设计要求。

6）挤塑板定位安装应在审核无误后方可进行模板内部玄武岩/瓷砖铺设，玄武岩/瓷砖铺设应遵循"先两边、后中间，由内向外成排铺设"的原则。

7）预制板质量标准要求应符合表4.6.2-3的规定。

表4.6.2-3 预制板质量标准

项　次	技 术 要 求	规定值或允许偏差
1	混凝土强度（MPa）	在合格标准内
2	横向边长（mm）	±1

续上表

项　次	技　术　要　求	规定值或允许偏差
3	弧长(mm)	±1
4	弦长(mm)	±2
5	厚度(mm)	2
6	表面平整度(mm)	1.5
7	矢矩(mm)	±0.5

8) 预制板位置确定应采用全站仪放样,放样误差不得超过2mm。

9) 其他要求可参照直线形玄武岩/瓷砖路面施工技术要求。

条文说明

挤塑板为玄武岩/瓷砖路面预制施工时,注浆孔预留玄武岩/瓷砖位置所采用的一种具有一定强度可承受预制板混凝土浇筑重力、不发生变形的材料,起到用于预留后期补砖位置的作用。

4.6.3 铺石路施工应符合下列规定：

1 铺石路施工工艺流程应按图4.6.3的顺序进行。

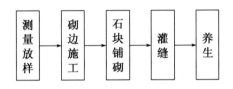

图4.6.3　铺石路施工工艺流程

2 砌边应采用花岗岩条石、混凝土预制件或现浇混凝土施工。

3 砌边应线形直顺,顶面高程和平整度误差不得大于2mm。

4 石块垫层可采用细石混凝土,细石混凝土应密实、饱满。

5 石块应铺砌稳定,铺砌完成后,纵横向平整度应满足设计要求。

6 灌缝应在铺砌后12h内完成。

7 灌缝时,石块不得发生位移。

8 灌缝应密实、饱满。

9 石块侧面和底面应粗糙无裂缝。

10 石块的技术要求应符合表4.6.3的规定。

表4.6.3　石块技术标准

技　术　要　求	规定值或允许偏差
抗压强度(MPa)	100~200
长、宽、高(mm)	±2
平整度(mm)	1

条文说明

铺石路路面是采用表面光滑的花岗岩铺筑而成的平整石块路,一般采用铺贴砌筑工艺施工。石块铺砌前,应先进行砌边施工,砌边一般采用花岗岩条石、混凝土预制件或现浇混凝土施工。石块铺砌时,石块应铺砌稳定、平顺。铺石路灌缝施工时,严禁踩踏石块进行施工。

4.6.4 比利时路施工应符合下列规定:

1 比利时路施工应满足本规程第4.6.3条施工技术要求。

2 石块选用应符合设计规定的类别和强度,石材全镶边,石质应均匀、不易风化、无裂纹、不得缺边、掉角。

3 石块侧面应进行修琢,表面应相对平整,表面最大凸起和凹陷高差符合设计要求。

4 石块铺砌应按照设计路谱施工,路谱高程点为石块对角线的交点。

5 石块铺砌完成后,不得出现倾斜、翘角。

6 石块的技术要求应符合表4.6.4的规定。

表4.6.4 石块技术标准

技 术 要 求	规定值或允许偏差
抗压强度(MPa)	100~200
长、宽、高(mm)	±10
面积比(%)	底面积≥(75%~100%)×顶面积

4.6.5 卵石路施工应符合下列规定:

1 卵石粒径应符合设计要求,卵石应坚硬、无风化、无裂纹,表面圆润、清洁。

2 卵石及混凝土应按照设计路谱施工。

3 卵石栽种应在垫层初凝前完成。

4 卵石栽种宜大头向下、小头向上,栽种深度宜大于最大方向直径的2/3。

4.6.6 标准坡道施工应符合下列规定:

1 路面两侧边沿应设置约束基石。

2 路面块石铺砌时应严格控制块石间缝隙,块石应错缝铺砌,块石铺砌图案应符合设计图纸。断块应铺砌在边缘部分,不得铺砌在路面中间。

3 标准坡道坡度应符合设计要求,误差不应大于1%。

4.6.7 砂石路施工应符合下列规定:

1 砂石路路面材料应满足设计要求。

2 砂石路下承层应满足设计要求。

3 道路两侧宜修建可防止路面材料滑移的阻挡设施。

4.7 安装类特种道路路面施工

4.7.1 安装类特种道路施工应符合下列规定：
1 安装件平面位置、高程应准确,误差不得大于5mm。
2 安装件应安装牢固、稳定。
3 安装材料应符合设计要求及相关国家标准或行业标准的规定。
4 预埋件位置应准确、牢固。
5 预留孔位置应准确,符合设计要求,误差不得大于2mm。
6 安装件安装角度应符合设计要求。
7 安装件接触面应紧贴下承层,不留间隙。
8 其他相关技术指标应满足设计要求。

4.8 特种道路安全设施施工

4.8.1 交通标志施工应符合下列规定：
1 交通标志应符合现行《道路交通标志和标线》(GB 5768)和《道路交通标志板及支撑件》(GB/T 23827)的有关规定。
2 交通标志的设置应符合现行《道路交通标志和标线》(GB 5768)和试验场设计文件的有关规定。
3 施工前应进行现场踏勘,与设计文件不一致处,应在施工前解决。
4 交通标志的施工应符合现行《公路交通安全设施施工技术规范》(JTG F71)的有关规定。

4.8.2 交通标线施工应符合下列规定：
1 交通标线施工工艺流程应按图4.8.2的顺序进行。

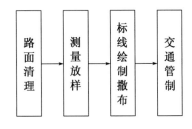

图4.8.2 交通标线施工工艺流程

2 特种道路新铺沥青混凝土路面的交通标线施工,可在路面施工完成一周后开始；新建水泥混凝土路面的标线施工,应在混凝土养护膜老化起皮并清除后开始。
3 雨、雪、沙尘暴、强风、气温低于规定温度的天气,应暂停施工。
4 凸起路标宜在路面标线施工完成后安装,且不得影响标线质量。

5 路面标线、凸起路标施工过程中,应加强安全管理,维护标线涂料和凸起路标的正常养护周期。

6 对于平整度要求较高的特种道路,标线的厚度不得影响测试道路的整体平整度。

7 路面应清洁干燥,不得存在松散颗粒、灰尘、沥青渣、油污或其他有害材料。

8 应根据公路横断面的具体尺寸和设计文件的要求确定标线位置和标线宽度、长度,在路面上画出标线位置。

9 正式施工前应试划,以检验划线车的行驶速度、线宽、标线厚度、撒布量能否满足要求。调试合格后才能开始正式施工。

10 特种道路严禁设置凸起路标。

11 曲面标线不得存在凸起,应采用常温型标线涂料进行设置。

4.8.3 高速环道曲线顶面波形防撞安全护栏施工应符合下列规定：

1 高速环道曲线顶面波形防撞安全护栏施工工艺流程应按图 4.8.3-1 的顺序进行。

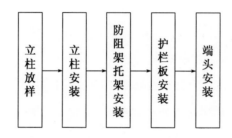

图 4.8.3-1 高速环道曲线顶面波形防撞安全护栏施工工艺流程

2 安全护栏的施工应符合现行《公路交通安全设施施工技术规范》(JTG F71)的有关规定。

3 高速环道曲线顶面波形防撞护栏安装可参照图 4.8.3-2 执行。

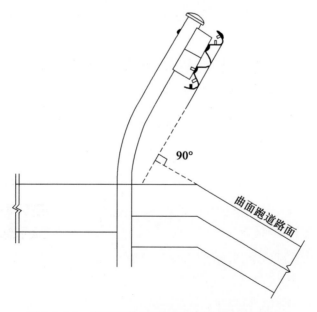

图 4.8.3-2 高速环道曲线顶面波形防撞护栏示意图

4 安装前应调查立柱所在处是否存在地下管线设施等埋深不足的情况。

5 立柱安装位置精准,误差不得大于15mm,曲面线线顺适,安装牢固。

6 护栏板应通过拼接螺栓相互连接成纵向横梁,并由连接螺栓固定于防阻块、托架上,拼接方向应与行车方向一致,如图4.8.3-3所示。

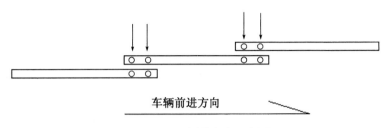

图4.8.3-3 拼接方向示意图

7 护栏板不得现场切割。

8 护栏板应与曲面顶面切线垂直。

9 安全护栏的其他施工应符合现行《公路交通安全设施施工技术规范》(JTG F71)的规定。

4.8.4 轮胎防撞墩施工应符合下列规定:

轮胎防撞墩示意图如图4.8.4-1所示。

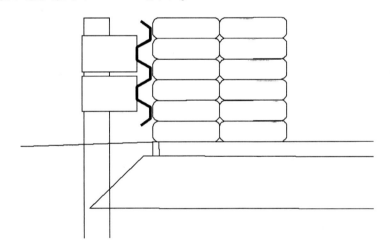

图4.8.4-1 轮胎防撞墩示意图

1 轮胎防撞墩施工工艺流程应按图4.8.4-2的顺序进行。

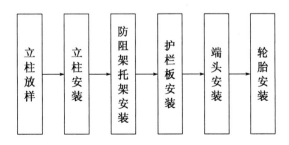

图4.8.4-2 轮胎防撞墩施工工艺流程

2 立柱安装、护栏板安装技术要求应符合现行《公路交通安全设施施工技术规范》(JTG F71)的相关规定。

3 轮胎安装应按照设计要求组合，同组之间应紧密同心连接。

4 轮胎组之间应紧密连接成整体紧靠护栏，可采用橡胶带通过螺栓与轮胎组连接。

5 施工质量检查与验收

5.1 一般规定

5.1.1 施工质量的控制、管理与检查应贯穿整个施工过程,应对每个施工环节严格控制,对出现的问题,立即进行纠正,必要时停工整顿。

5.1.2 应加强施工过程中质量控制,实行动态质量管理。

5.1.3 所有与工程建设有关的原始记录、试验检测及计算数据、汇总表格,必须如实记录和保存。对已经采取措施进行返工和补救的项目,可在原记录和数据上注明,不得销毁。

5.1.4 特种道路施工质量控制的项目除应满足设计要求外,尚应符合《公路工程质量检验评定标准 第一册 土建工程》(JTG F80/1)的相关规定。

5.2 铺筑试验路段

5.2.1 施工前应铺筑试验路段,试验路段应总结出特种路段外观形状、路谱要求、尺寸误差等是否满足设计要求,对不符合要求的试验段应总结经验,改进方案后重新铺筑。

5.2.2 试验报告内容可根据实际需要适当增减,但要全面、真实地反映试验情况。通过试验段施工,如发现设计有不合理、可以修正的内容,可报请修改设计。

5.3 交工质量检查与验收

5.3.1 沥青混凝土路面施工质量要求应符合下列规定:
1 工程完工后,应随机进行全线自检,将单个测定值与表5.3.1中的质量要求或允许偏差进行比较,计算合格率;然后计算一个评定路段的平均值、极差、标准差及变异系数。
2 应在规定时间内提交全线检测结果及施工总结报告,进行交工验收。

表5.3.1 热拌沥青混合料路面实测项目

检查项目		规定值或允许偏差	检测方法和频率
外观		表面平整密实，不得有明显轮迹、裂缝、推挤、油汀、油包等缺陷，无明显离析	
面层总厚度	代表值	设计值的-5%	下面层、中面层取芯法，上面层雷达测厚仪：双车道每200m测1处
	极值	设计值的-10%	
上面层厚度	代表值	设计值的-10%	
	极值	设计值的-20%	
压实度	代表值	试验室标准密度的96% 最大理论密度的92% 试验段密度的98%	下面层、中面层取芯法，上面层无核密度仪：每200m测1处
	极值(最小值)	比代表值放宽1%	
路面平整度	IRI(m/km)	2.0	平整度仪：全线每车道连续按每100m计算IRI
路表渗水系数(mL/min)		300(普通沥青路面)	渗水试验仪：每200m测1处
宽度(mm)	有侧石	±20	尺量：每200m测4个断面
	无侧石	不小于设计宽度	
纵断高程(mm)		±15	水准仪：每200m测4个断面
中线偏位(mm)		±20	全站仪：每200m测4点
横坡(%)		±0.3	水准仪：每200m测4处
弯沉		符合设计要求	贝克曼梁或自动弯沉仪：双车道每1km检查80~100个点
构造深度		符合设计要求	铺砂法：每200m测1处
摩擦系数摆值		符合设计要求	摆式仪：每200m测1处
横向力系数		符合设计要求	横向力系数测定车：全线连续

5.3.2 水泥混凝土路面施工质量要求应符合下列规定：

1 基本要求：

1) 混凝土的摊铺、捣实、整平与混凝土面板养护应符合规范要求。

2) 接缝的位置、规格、尺寸和传力杆、拉杆以及面板补强钢筋的布设等应符合设计和规范要求。

3) 路面的平整度和构造深度等应符合设计和规范要求。

2 水泥混凝土路面质量要求和检查项目见表5.3.2。

表5.3.2 水泥混凝土路面实测项目

检查项目		规定值或允许偏差	检查方法和频率
弯拉强度（MPa）		在合格标准之内	小梁法：每天测3组
板厚度（mm）	代表值	-5	尺量：每200m每车道测2处
	合格值	-10	

续上表

检查项目	规定值或允许偏差		检查方法和频率
路面平整度 IRI（m/km）	2.0		平整度仪：全线每车道连续检测，每100m计算IRI
抗滑构造深度（mm）	一般路段不小于0.7且不大于1.1，特殊路段不小于0.8且不大于1.2		铺砂法：每200m测1处
相邻板高差（mm）	2	3	抽量：每条胀缝测2点；每200m抽纵、横缝各2条，每条测2点
纵、横缝顺直度（mm）	10		纵缝20m拉线，每200m测4处；横缝沿板宽拉线，每200m测4条
中线平面偏位（mm）	20		全站仪：每200m测4点
路面宽度（mm）	±20		抽量：每200m测4处
纵断高程（mm）	±10		水准仪：每200m测4断面
横坡（%）	±0.15		水准仪：每200m测4断面

3 外观鉴定：

1）混凝土板表面脱皮、印痕、裂纹、露石、蜂窝、麻面、缺边、掉角等有缺陷的面积不得超过受检面的2%。

2）混凝土的断裂块数不得超过评定路段混凝土板总块数的0.2%。

3）路面边线应直顺、曲线应圆滑。

4）接缝填缝料应饱满密实、黏结牢固、缝缘清洁整齐。

5.3.3 特种道路施工质量要求应符合下列规定：

1 高速环道

1）曲面路床实测项目应符合表5.3.3-1的规定。

表5.3.3-1　高速环道路床实测项目

检查项目	规定值或允许偏差	检测方法和频率
压实度(%)	≥96	水囊法：每500m²测1处
三维坐标 x、y、z(mm)	15、15、±20	全站仪：参照设计提供的数据，纵向每20m检测不少于20处

2）曲面沥青混凝土路面基层实测项目应符合表5.3.3-2的规定。

表5.3.3-2　高速环道基层实测项目

检查项目	规定值或允许偏差	检测方法和频率
压实度(%)	不小于设计值	水囊法：每500m²测1处
三维坐标 x、y、z(mm)	10、10、±15	全站仪：参照设计提供的数据，纵向每20m检测不少于20处
厚度(mm)	−10	直尺：法向厚度量取每500m²抽查1处

3）曲面沥青混凝土路面面层实测项目应符合表5.3.3-3的规定。

表 5.3.3-3　高速环道沥青混凝土路面实测项目

检查项目	规定值或允许偏差	检测方法和频率
压实度(%)	不小于设计值	无核密度仪：每 1 000m² 测 1 处
上面层三维坐标 x、y、z(mm)	5、5、±5	全站仪：参照设计提供的数据，纵向每 20m 检测不少于 20 处
中面层三维坐标 x、y、z(mm)	5、5、±8	全站仪：参照设计提供的数据，纵向每 20m 检测不少于 20 处
下面层三维坐标 x、y、z(mm)	5、5、±10	全站仪：参照设计提供的数据，纵向每 20m 检测不少于 20 处
厚度(mm)	−10	尺量：每 500m² 测 1 处
渗水系数(mL/min)	200	渗水试验仪：每 1 000m² 测 1 处
高速环道直线段	符合设计要求	按照现行《公路沥青路面施工技术规范》(JTG F40)高速公路等级标准进行质量检测

4) 曲面水泥混凝土路面面层实测项目应符合表 5.3.3-4 的规定。

表 5.3.3-4　高速环道水泥混凝土路面实测项目

检查项目	规定值或允许偏差	检测方法和频率
弯拉强度(MPa)	符合设计要求	按照现行《公路工程质量检验评定标准　第一册　土建工程》(JTG F80/1)附录 C 检查：每 200 个板块测 1 处
三维坐标 x、y、z(mm)	5、5、±5	全站仪：参照设计提供的数据，纵向每 20m 检测不少于 20 处
厚度(mm)	±10	按照现行《公路工程质量检验评定标准　第一册　土建工程》(JTG F801/1)附录 H 检查：每 200 个板块测 1 处
高速环道直线段	符合设计要求	按照现行《公路水泥混凝土路面施工技术细则》(JTG/T F30)高速公路等级标准进行质量检测

2　多附着系数试验路

1) 瓷砖摩擦系数、玄武岩铸石板摩擦系数、刨光花岗岩摩擦系数符合设计要求。

2) 制动沥青路每层的实测项目应符合表 5.3.3-5 的规定。

表 5.3.3-5　多附着系数试验路实测项目

特种道路	层位	检查项目	规定值或允许偏差	检测方法和频率
多摩擦系数沥青混凝土路	磨耗层	高程(mm)	±3	水准仪：每 100m 测 5 个断面
		平整度(mm)	3	3m 直尺：每 200m 测 2 处×10 尺
		厚度	不小于设计厚度	按照现行《公路工程质量检验评定标准　第一册　土建工程》(JTG F80/1)附录 H 检查：每 200m 测 1 处
		摩擦系数	符合设计要求	摩擦系数摆式测定仪：每 5m×5m 网格测 1 处
	基层	高程(mm)	±10	水准仪：每 100m 测 5 个断面
		平整度(mm)	5	3m 直尺：每 200m 测 2 处×10 尺
		厚度	≥90% 设计厚度	按照现行《公路工程质量检验评定标准　第一册　土建工程》(JTG F80/1)附录 H 检查：每 200m 测 1 处
玄武岩/瓷砖路	磨耗层	高程(mm)	±3	水准仪：每板块长度测 1 个断面
		平整度(mm)	2	3m 直尺：每板块横、纵、两对角线测 4 处
		摩擦系数	符合设计要求	摩擦系数摆式测定仪：每板块测 5 处

续上表

特种道路	层位	检查项目	规定值或允许偏差	检测方法和频率
磨光水泥混凝土路	磨耗层	高程(mm)	±3	水准仪:每板块长度测1个断面
		平整度(mm)	2	3m直尺:每200m测2处×10尺
		摩擦系数	符合设计要求	摩擦系数摆式测定仪:每5m×5m网格测1处

3 噪声试验路

噪声试验路实测项目应符合表5.3.3-6的规定。

表5.3.3-6 噪声试验路实测项目

检查项目	规定值或允许偏差	检查方法和频率
孔隙率(%)	≤10	钻芯机:每100m²测1处
平整度(mm)	3	3m直尺:每200m测2处×10尺
横坡(%)	±0.15	水准仪:每200m测4个断面
与纵向相接路段高差(mm)	3	水准仪:每处
纹理深度(MPD)(mm)	0.5±0.2	纹理深度测试仪
吸声系数(%)	8	吸声系数测定仪

4 动态广场

动态广场实测项目应符合表5.3.3-7的规定。

表5.3.3-7 动态广场试验路实测项目

检查项目		规定值或允许偏差	检查方法和频率
平整度(mm)	磨耗层	3	3m直尺:每200m测2处×10尺
	基层	5	3m直尺:每200m测2处×10尺
	路床	8	3m直尺:每200m测2处×10尺
纵断高程(mm)	磨耗层	±3	水准仪:每200m测4个断面
	基层	±5	水准仪:每200m测4个断面
	路床	±8	水准仪:每200m测4个断面

5 操纵稳定性试验路

操纵稳定性路实测项目应符合表5.3.3-8的规定。

表5.3.3-8 操纵稳定性试验路实测项目

检查项目		规定值或允许偏差	检查方法和频率
平整度(mm)	磨耗层	3	3m直尺:每200m测2处×10尺
	基层	5	3m直尺:每200m测2处×10尺
	路床	8	3m直尺:每200m测2处×10尺
纵断高程(mm)	磨耗层	±5	水准仪:每200m测4个断面
	基层	±10	水准仪:每200m测4个断面
	路床	±15	水准仪:每200m测4个断面
路面摩擦系数		>0.9	路面摩擦系数摆式测定仪:每5m×5m网格测1处

6 标准坡道

标准坡道实测项目要求应符合表 5.3.3-9 的规定。

表 5.3.3-9 标准坡道实测项目

检查项目	规定值或允许偏差	检测方法和频率
坡度(%)	设计坡度的±0.5%	水准仪:每个坡道测 4 处
坡面平整度(mm)	5	3m 直尺:每个坡道测 1 处×10 尺
坡面沥青混凝土压实度	符合设计要求	按照现行《公路工程质量检验评定标准 第一册 土建工程》(JTG F80/1)附录 H 检查:每个坡道测 1 处
水泥混凝土拉毛深度	符合设计要求	游标卡尺:每个坡道测 5 处

7 直线综合性能试验路

直线综合性能试验路实测项目应符合表 5.3.3-10 的规定。

表 5.3.3-10 直线综合性能试验路实测项目

检查项目		规定值或允许偏差	检测方法和频率
面层摩擦系数	沥青混凝土	≥0.8	摩擦系数摆式测定仪:每 5m×5m 网格测 1 处
	水泥混凝土	构造深度满足设计要求	铺砂法:每 200m 测 1 处
平整度 IRI(m/km)		1.5	平整度仪:全线每车道连续按每 100m 计算 IRI

8 波形路

波形路实测项目应符合表 5.3.3-11 的规定。

表 5.3.3-11 波形路实测项目

检查项目	规定值或允许偏差	检查方法和频率
特征点高程(mm)	±5	水准仪:每 100m 测 4 个断面
特征点位置(mm)	20	全站仪:每 10m 抽查 2 处

9 补丁路

补丁路实测项目应符合表 5.3.3-12 的规定。

表 5.3.3-12 补丁路实测项目

检查项目	规定值或允许偏差	检测方法和频率
补丁位置(mm)	符合设计要求,20	全站仪:纵向每 5m 检测不少于 1 处
补丁大小(mm)	符合设计要求,±20	尺量:纵向每 10m 检测不少于 1 处
补丁高程(mm)	符合设计要求,±3	水准仪:纵向每 10m 检测不少于 1 处

10 搓板路

搓板路实测项目应符合表 5.3.3-13 的规定。

表 5.3.3-13 搓板路实测项目

检查项目	规定值或允许偏差	检查方法和频率
纵断高程(mm)	±5	水准仪:每板块抽查顶点 1 个断面
锯齿高度(mm)	±2	直尺:每 20m 测 4 个断面
锯齿间距(mm)	±5	直尺:每板块抽查 2 处

11 波形路

波形路实测项目应符合表 5.3.3-14 的规定。

表 5.3.3-14 波形路实测项目

检查项目	规定值或允许偏差	检查方法和频率
纵断高程(mm)	±5	水准仪:每100m抽查波谷4个断面
波峰间距(mm)	20	直尺量:每100m抽查2处
波谷间距(mm)	20	尺量:每100m抽查2处

12 不规则水泥混凝土路

不规则水泥混凝土路实测项目应符合表 5.3.3-15 的规定。

表 5.3.3-15 不规则水泥混凝土路实测项目

检查项目	规定值或允许偏差	检查方法和频率
纵断高程(mm)	±2	水准仪:每板块抽查特征点位置1%且不少于2处
宽度(mm)	不小于设计宽度	尺量:每100m测4个断面
不规则点位置(mm)	10	全站仪:每板块抽查2处

13 露石水泥混凝土路

露石水泥混凝土路实测项目应符合表 5.3.3-16 的规定。

表 5.3.3-16 露石水泥混凝土路实测项目

检查项目	规定值或允许偏差	检查方法和频率
纵断高程(mm)	±3	水准仪:每板块抽查1个断面
露石深度(mm)	≤2	直尺、游标卡尺:每板块抽查1个断面
露石率	符合设计要求	每板块抽查1处

14 振动水泥混凝土路

振动水泥混凝土路实测项目应符合表 5.3.3-17 的规定。

表 5.3.3-17 振动水泥混凝土路实测项目

检查项目	规定值或允许偏差	检查方法和频率
振动块位置(mm)	10	全站仪:每10块抽查2块
振动块平面尺寸(mm)	5	尺量:每10块抽查2块
振动块外露高度(mm)	2	尺量:每10块抽查2块

15 台阶水泥混凝土路

台阶水泥混凝土路实测项目应符合表 5.3.3-18 的规定。

表 5.3.3-18 台阶水泥混凝土路实测项目

检查项目	规定值或允许偏差	检测方法和频率
坡度(%)	设计坡度的±0.5%	水准仪:测4处
坡面平整度(mm)	5	3m直尺:测1处×5尺
水泥混凝土拉毛深度	符合设计要求	测5处

续上表

检查项目	规定值或允许偏差	检测方法和频率
混凝土弯拉强度	符合设计要求	100%符合现行《公路水泥混凝土路面施工技术细则》（JTG F30）中附录B.1的规定
中线平面偏位(mm)	≤5	全站仪：每10m抽查1处
路面宽度(mm)	不小于设计宽度	尺量：每台阶抽查1处
纵断高程(mm)	±2	水准仪：每台阶抽查1处

16 接缝水泥混凝土路

接缝水泥混凝土路实测项目应符合表5.3.3-19的规定。

表5.3.3-19 接缝水泥混凝土路实测项目

检查项目	规定值或允许偏差	检查方法和频率
纵断高程(mm)	10	水准仪：每10块抽查2断面
平整度(mm)	5	3m直尺：每10块抽查2块
接缝高度(mm)	2	尺量：每10块抽查2处

17 涉水池

涉水池实测项目应符合表5.3.3-20的规定。

表5.3.3-20 涉水池实测项目

检查项目		规定值或允许偏差	检查方法和频率
池尺寸（mm）	宽	±20	尺量：每10m测1处
	高	±20	尺量：每10m测1处
池底平整度(mm)		5	3m直尺：每100m测2处×10尺
预埋件位置		符合设计要求	尺量：每件

18 盐溅池

盐溅池实测项目应符合表5.3.3-21的规定。

表5.3.3-21 盐溅池实测项目

检查项目	规定值或允许偏差	检查方法和频率
混凝土强度	符合设计要求	每工作班测2组
槽底防渗等级	符合设计要求	每工作班测2组
槽底平整度(mm)	5	3m直尺：每100m测2处×10尺
防雨棚安装	符合设计要求	每个搭接测3处

19 扭曲路

扭曲路实测项目应符合表5.3.3-22的规定。

表5.3.3-22 扭曲路实测项目

检查项目	规定值或允许偏差	检查方法和频率
混凝土强度	符合设计要求	每工作班测2组
顶面高程(mm)	+10，-15	水准仪：每200m测4个断面
扭曲块断面尺寸(mm)	±20	尺量：每个扭曲块

20 凹坑路

凹坑路实测项目应符合表 5.3.3-23 的规定。

表 5.3.3-23 凹坑路实测项目

检 查 项 目	规定值或允许偏差	检查方法和频率
混凝土强度	符合设计要求	每工作班测 2 组
顶面高程(mm)	+10,-15	水准仪:每 200m 测 4 个断面
断面尺寸(mm)	±20	尺量:每 10m 测 1 处
横坡(%)	0.4	每 200m 测 4 个断面
凹坑间距(mm)	±20	尺量:测量总数的 10%
凹坑几何尺寸(mm)	±20	尺量:测量总数的 50%
表面平整度(mm)	3	3m 直尺:每 100m 测 2 处×10 尺

21 裂缝路

裂缝路实测项目应符合表 5.3.3-24 的规定。

表 5.3.3-24 裂缝路实测项目

检 查 项 目	规定值或允许偏差	检查方法和频率
裂缝深度(mm)	±5	直尺、游标卡尺:每处测 2 点
沥青补块高度(mm)	±5	直尺、游标卡尺:每处最高点测 1 点
裂缝外置	符合设计要求	尺量:每 10m 测 2 点

22 比利时路

比利时路实测项目应符合表 5.3.3-25 的规定。

表 5.3.3-25 比利时路实测项目

检 查 项 目	规定值或允许偏差	检查方法和频率
混凝土强度	符合设计要求	每工作班测 2 组
灌浆料强度	符合设计要求	每工作班测 2 组
断面尺寸(mm)	±20	尺量:每 10m 测 1 处
横坡(mm)	≤0.4%	每 200m 测 4 个断面
路谱(mm)	+2,-2	尺量:每 10m 测 1 处
块石间缝宽(mm)	≤15	尺量:测量总数的 10%

23 卵石路

卵石路实测项目应符合表 5.3.3-26 的规定。

表 5.3.3-26 卵石路实测项目

检 查 项 目	规定值或允许偏差	检查方法和频率
混凝土强度	符合设计要求	每工作班测 2 组
顶面高程(mm)	+10,-15	水准仪:每 200m 测 4 个断面
断面尺寸(mm)	±20	尺量:每 10m 测 1 处
卵石间距(mm)	±30	尺量:测量总数的 10%
卵石外露高度(mm)	20	尺量:测量总数的 10%

24 标准坡道

标准坡道实测项目应符合表5.3.3-27的规定。

表5.3.3-27 标准坡道实测项目

检 查 项 目	规定值或允许偏差	检测方法和频率
纵断高程(mm)	±20	水准仪:每坡道测4个断面
厚度(mm)	±20	尺量:每坡道测4处
坡度(%)	1	全站仪:坡面底角、坡面中部、坡面顶部

25 砂石路

砂石路实测项目应符合表5.3.3-28的规定。

表5.3.3-28 砂石路实测项目

检 查 项 目	规定值或允许偏差	检测方法和频率
纵断高程(mm)	±20	水准仪:每200m测4个断面
厚度(mm)	±20	尺量:每200m测4处

26 安装类特种道路

安装类特种道路实测项目应符合表5.3.3-29的规定。

表5.3.3-29 安装类特种道路实测项目

检 查 项 目	规定值或允许偏差	检测方法和频率
路面平整度(mm)	5	3m直尺:每200m测2处×10尺
安装件位置(mm)	20	全站仪:抽查30%且不少于2处

27 安全设施

安全设施实测项目应符合《公路工程质量检验评定标准 第一册 土建工程》(JTG F80/1)第11章相关规定。

本规程用词用语说明

1 本规程执行严格程度的用词,采用下列写法:
　1)表示很严格,非这样做不可的用词,正面词采用"必须";反面词采用"严禁"。
　2)表示严格,在正常情况下均应这样做的用词,正面词采用"应";反面词采用"不应"或"不得"。
　3)表示允许稍有选择,在条件许可时首先应这样做的用词,正面词采用"宜";反面词采用"不宜"。
　4)表示稍有选择,在一定条件下可以这样做的用词,采用"可"。

2 引用标准的用语采用下列写法:
　1)在标准总则中表述与相关标准的关系时,采用"除应符合本规程的规定外,尚应符合国家和行业现行有关标准的规定";
　2)在标准条文及其他规定中,当引用的标准为国家标准和行业标准时,表述为"应符合《××××××》(×××)的有关规定";
　3)当引用本标准中的其他规定时,表述为"应符合本规程第×章的有关规定""应符合本规程第×.×节的有关规定""应符合本规程第×.×.×条的有关规定"或"应按本规程第×.×.×条的有关规定执行"。